# PAUL'S BOUTIQUE
Beastie Boys

CB069358

© Dan LeRoy, 2006
*Esta versão foi publicada a partir do acordo com a Bloomsbury Publishing Plc.*

Dan LeRoy

# PAUL'S BOUTIQUE

## Beastie Boys

Tradução de
Julia Sobral Campos

Cobogó

# SUMÁRIO

Sobre a coleção **O LIVRO DO DISCO**     7

Agradecimentos     9

1. Quando a merda atingir o ventilador,
   não vai ter guarda-chuva que aguente     11
2. *Paul's Boutique*     85
3. "What Comes Around": O futuro da nostalgia     127

Bibliografia e fontes     137

## Sobre a coleção O **LIVRO DO DISCO**

Há, no Brasil, muitos livros dedicados à música popular, mas existe uma lacuna incompreensível de títulos dedicados exclusivamente aos nossos grandes discos de todos os tempos. Inspirados pela série norte-americana 33 ⅓, da qual estamos publicando volumes essenciais, a coleção O Livro do Disco traz para o público brasileiro textos sobre álbuns que causaram impacto e que de alguma maneira foram cruciais na vida de muita gente. E na nossa também.

Os discos que escolhemos privilegiam o abalo sísmico e o estrondo, mesmo que silencioso, que cada obra causou e segue causando no cenário da música, em seu tempo ou de forma retrospectiva, e não deixam de representar uma visão (uma escuta) dos seus organizadores. Os álbuns selecionados, para nós, são incontornáveis em qualquer mergulho mais fundo na cultura brasileira. E o mesmo critério se aplica aos estrangeiros: discos que, de uma maneira ou de outra, quebraram barreiras, abriram novas searas, definiram paradigmas — dos mais conhecidos aos mais obscuros, o importante é a representatividade e a força do seu impacto na música. E em nós! Desse modo, os autores da coleção são das mais diferentes formações e gerações, escrevendo livremente sobre álbuns que têm relação íntima com sua biografia ou seu interesse por música.

O Livro do Disco é para os fãs de música, mas é também para aqueles que querem ter um contato mais aprofundado, porém acessível, com a história, o contexto e os personagens ao redor de obras históricas.

Pouse os olhos no texto como uma agulha no vinil (um cabeçote na fita ou um feixe de laser no CD) e deixe tocar no volume máximo.

# Agradecimentos

Sem o amor, a amizade e o apoio das seguintes pessoas este livro não existiria: Stephen, Rachel, Thomas e Henry Catanzarite; Drew e Angie LeRoy; Nancy, Alex e Matthew LeRoy; Heather e Eric Lewis; Michael Lipton; Brenda Smith Nutter Schanie, John D. Nutter, Devin Nutter e família; Paul, Gina, Abigail, Amanda e Drew Martin-Ryan; sr. e sra. C. Thomas Tallman; Jamie Tallman; os editores e a equipe, passados e atuais, de *The Charleston Daily Mail*, sobretudo Monica Orosz e Chris Stirewalt.

Uma das melhores coisas a respeito dessa experiência foram as pessoas que conheci, quase que infalivelmente prestativas, atenciosas e gentis. Agradeço a todos que concordaram em ser entrevistados para este livro, incluindo Bill Adler, Gil Bailey, Lisa Ann Cabasa, Madelyn Clark, Eric Haze, John King, Donovan Leitch Jr., Madlib, Dan Nakamura, Prince Paul, Max Perlich (tiro meu chapéu também para Martin Perlich e Linda Perlich Porter), Matt Robinson, Mike Ross, Ione Skye, Pam Turbov, Paul Weller e Marvin Young. Ricky Powell também desenterrou algumas de suas fotos antigas e inéditas da era de *Paul's Boutique*.

Estendo minha gratidão em particular a Cey Adams, Mario Caldato Jr., Tim Carr, Matt Dike, Jeremy Shatan, Jon Sidel, Mike Simpson, Leyla Turkkan e Brian Williams. Muitas dessas pessoas responderam pacientemente a diversas rodadas de perguntas, muitas me apontaram a direção de fontes valiosas, e cada uma delas me ajudou mais do que eu poderia esperar, como Jennifer Hall, da SAM Entertainment. E sem o inimitável Sean 'The Captain' Carasov não posso imaginar como tudo isso teria sido feito.

Minha apreciação sincera também ao Dr. David Barker, da Continuum, por encomendar este livro e por todo seu encorajamento e assistência subsequente, e a Mark Laudenschlager, do inigualável Beastiemania.com, que foi valiosíssimo, compartilhando documentos raros, gravações e conselhos. Nas palavras sempre sábias de The Captain, Mark e seus coconspiradores — Brian Chambers, Kristine Sivacek, David Ensinger e Mike Klenke — "sabem de coisas que aposto que os Beasties não sabem".

E agradeço a Mike D, que ofereceu gentilmente suas lembranças dessa era pouco documentada, e aos Beastie Boys, por *Paul's Boutique*. Tentei contar a história daquele que considero o melhor álbum da banda da maneira mais exata e divertida possível; espero que eles concordem, e você também.

Finalmente, agradeço em especial a meus maravilhosos pais, Louie e Polly LeRoy, que nunca questionaram minha decisão de escrever sobre música em vez de me candidatar à presidência, e a minha adorável esposa, Kiena Nutter, e meus três lindos filhos, Carys, Greer e Grant, que pacientemente abriram mão de um marido e de um pai por longos períodos enquanto este livro estava sendo escrito.

Dan LeRoy<br>
Outono de 2005

# 1. Quando a merda atingir o ventilador, não vai ter guarda-chuva que aguente

A nuvem de poluição não conseguia esconder a vista espetacular do terraço do prédio da Capitol Records. A leste, as torres prateadas e brancas de Los Angeles; a oeste, os morros de Hollywood. Enquanto vigiavam a cidade do alto de sua fortaleza no 13º andar, com o verão se estendendo preguiçoso à sua frente, os Beastie Boys pareciam ser donos de tudo que estava ao alcance da vista, e talvez também do resto do mundo.

Em meio à ventania do terraço, Mike Simpson e John King, os Dust Brothers, passeavam maravilhados com a recepção de *Paul's Boutique*, o álbum que haviam ajudado a criar. Enquanto uma equipe de reportagem da MTV filmava cenas com os Beastie Boys, que estavam sentados na beira da laje, um avião escrevia preguiçosamente o nome da banda no azul acima de suas cabeças, uma bandinha de jazz tocava e chefes de cozinha serviam *gumbo*. O alto-astral era contagiante entre os amigos dos Beasties. Em dado momento, o fotógrafo Ricky Powell subiu até o topo da estrutura da Capitol Tower e acendeu um cachimbo cheio de maconha, pedindo que outra pessoa tirasse uma foto.

Quando os Dust Brothers se juntaram à equipe da Capitol, Simpson não pôde deixar de perceber que a maioria deles parecia "perplexa com a coisa toda", mas foi tranquilizado pelo discurso de um executivo de gravadora que louvou o novo álbum e suas colagens psicodélicas de hip-hop como o *Sgt. Pepper's* de seu tempo. De maneira geral, para Simpson, era uma tarde gloriosa, o fim triunfante de um ano e meio de trabalho revolucionário junto aos Beastie Boys.

A cobertura da festa de lançamento feita pela MTV revelou algumas mudanças na banda que havia aterrorizado os Estados Unidos dois anos antes com o sucesso "Fight for Your Right (To Party)". Adam Yauch, conhecido como MCA, deixou crescer a barbicha até ela se tornar uma verdadeira barba de bode. Michael Diamond — apelidado Mike D — ostentava agora um visual de cafetão de brechó, com um pingente de macramê no lugar do seu característico medalhão da Volkswagen. Apenas Adam Horovitz, o King Ad-Rock, parecia estar igualzinho a antes, de boné de beisebol, camiseta e calça jeans. Mas enquanto Mike D passava um sermão em seus ouvintes — "assumo o risco de fazer parte desta banda, então as pessoas deveriam assumir o risco de escutar o que a banda faz" —, ficou claro que a atitude abrasiva do grupo também não havia mudado muito.

Aqueles que odiavam os Beastie Boys, é claro, teriam visto a pompa e circunstância do dia como a prova frustrante de que os três babacas de Nova York estavam encantados demais com suas vidas e estariam ali para atormentar para sempre a gente de bem. Afinal, *Paul's Boutique* foi um dos álbuns mais surpreendentes jamais feitos. O sucesso inicial da banda na Def Jam, com a estreia grosseira, bruta e multiplatinada de *Licensed to Ill*, de 1986, foi suficientemente improvável — um trio de garotos judeus com seu produtor, também judeu, que se tornaram as maiores estrelas do hip-hop da noite para o dia ao oferecer uma fusão original de metal, rap e revolta adolescente.

Mas em *Paul's Boutique* o grupo abandonou o produtor, a gravadora e as receitas, despedaçando centenas de álbuns antigos e referências da cultura pop e colando-os de volta com fita crepe em novas e inesperadas combinações. Com um trio de desconhecidos à frente da produção, esse era um jeito suicida de dar prosseguimento a um sucesso absoluto.

No entanto, a música era simplesmente a trilha sonora da turbulenta aventura dos Beastie Boys na Califórnia, e era de fato inseparável desta. De alguma forma, eles haviam convencido a Capitol a desembolsar mais de 1 milhão de dólares para um ano e meio de farra em Los Angeles. Agora a gravadora premiava essa insensatez permitindo que o grupo fincasse sua bandeira — no caso, uma peça de sete metros e meio onde se lia "Beastie Boys Records" — no topo do edifício que um dia acolhera os Beatles e os Beach Boys. Horovitz e seu amigo Max Perlich, um ator que fugira de um papel num filme para ser DJ da festa, chegaram a grafitar seus nomes no famoso telhado da Capitol. Para os muitos que se ofendiam com os Beasties, 29 de junho de 1989 entraria para a história como um dia infame.

A menos, é claro, que eles soubessem o que estava acontecendo poucos andares abaixo. Dentro do prédio da Capitol, os ânimos haviam decididamente se voltado contra os Beastie Boys, antes do lançamento do álbum. Mesmo enquanto sua bandeira tremulava no telhado, o diretor executivo da Capitol, Joe Smith, declarava furiosamente que o trio havia transformado sua gravadora na "piada do setor". Uma debandada dos apoiadores da banda, começando pelo presidente, David Berman, parecia iminente; o representante de A&R [departamento de artistas e repertório] dos Beasties, por sua vez, só manteve o emprego porque estava do outro lado do mundo.

"Quando a merda atingir o ventilador... não vai ter guarda-chuva que aguente, cara", brincou Yauch, pouco depois do lançamento do álbum, em julho. Ele tinha razão. Apesar de uma série de críticas elogiosas e das vendas iniciais terem sido razoáveis, os consumidores rapidamente perceberam o que o especialista repreendido da Capitol já havia descoberto: aquilo não era de forma alguma o *Licensed to Ill parte dois* que todo mundo esperara. O álbum geraria um único single a chegar à lista das quarenta músicas mais ouvidas, e não haveria nenhuma turnê importante para ajudar a produzir mais sucessos. Em novembro o disco já havia saído das listas, e a "butique de Paul", para todos os efeitos, estava fechada.

A era dourada do hip-hop continuaria sem o trio, que ficou longe dos holofotes em Los Angeles enquanto o rapper Vanilla Ice se tornava a nova cara (pálida) do gênero e rapidamente destruía a credibilidade que os Beasties haviam conquistado em nome dos MCs brancos. E a Def Jam mal pôde resistir à tentação de dizer "bem feito" às suas antigas estrelas, apresentando a dupla 3rd Bass, que adorava falar mal dos Beasties, como seus substitutos.

"A Capitol achava mesmo que havia roubado a galinha dos ovos de ouro", relembra o artista gráfico Cey Adams, um dos amigos mais antigos da banda. Em cinco anos, os Beastie Boys provariam que a Capitol tinha razão; em dez anos, *Paul's Boutique* seria reconhecido universalmente como uma realização histórica, uma obra-prima de rimas e colagens que, por conta de mudanças nas leis de direito autoral, jamais poderia ser repetida. Mas quando o verão de 1989 se foi, levando com ele os Beasties e seu álbum, o senso comum era que a galinha dos ovos de ouro da Capitol havia sido assada — e que seu dono anterior, Russell Simmons, fizera bem em deixá-la sair correndo e cacarejando.

No outono de 1987, Sean Carasov voltou a Nova York exausto, e ao pensar na primeira turnê dos Beastie Boys como atração principal, se perguntava se algum dia fariam outra. Seu sotaque britânico chamava atenção no mundo do hip-hop, mas Carasov foi uma escolha perspicaz de produtor de turnê para a banda. Londrino, com um senso de humor afiadíssimo e uma opinião a respeito de quase tudo, Carasov começou trabalhando com o The Clash e foi para Nova York em 1984 depois que as lendas do punk se apagaram. Naquela época, o The Clash compartilhava um traficante nova-iorquino com os novatos Beastie Boys, e foi assim que Carasov conheceu os três rappers e se juntou a eles no começo de sua improvável ascensão.

Os oito meses de devassidão durante *Licensed to Ill* haviam rendido a Carasov o apelido de "Captain Pissy" [Capitão Doidão], mais tarde encurtado para "The Captain" [O Capitão]. O DJ dos Beasties, Hurricane, foi quem teve a ideia. "'The Captain' porque eu estava encarregado do navio que afundava", diz Carasov, "e 'Pissy' porque eu estava quase sempre doidão". Esse também era o caso de todos os outros envolvidos, mas a imagem de ávidos consumidores de Budweiser que ajudou os Beasties a alcançar o primeiro lugar das paradas de hip-hop foi a mesma que quase os afogou. Eles estavam cansados de gritar "Fight for Your Right (To Party)" [Lutem pelo seu direito (de festejar)] para estudantes bêbados; estavam de saco cheio das latas de cerveja gigantes e do infame pênis hidráulico de 6 metros[1] que ficava no palco em seus shows; estavam saturados da imprensa sensacionalista e do escrutínio da polícia; e, finalmente, estavam de saco cheio uns dos outros.

---

[1] "Quem quer que encontre esse negócio um dia", pondera Carasov, "vai ser um homem rico".

A relação com a gravadora Def Jam também havia se deteriorado devido a uma série de questões. Muitas delas estavam ligadas à amizade entre os Beastie Boys e Rick Rubin, antigo DJ da banda e cofundador da Def Jam. Rubin foi fortemente aclamado como o Svengali[2] cuja mistura de rap e metal havia garantido ao trio o topo das paradas. Mas os Beastie Boys, que haviam produzido o single "Hold It Now, Hit It" e assumido um papel ativo na criação de *Licensed to Ill*, achavam irritante o fato de Rick receber uma quantidade desproporcional do crédito, como relembra Bill Adler, o antigo publicitário da Def Jam. Anos depois, o outro cofundador da Def Jam, Russell Simmons, admitiria: "Eles não receberam o crédito que mereciam no início por sua criatividade."

Para complicar ainda mais a situação com Rubin, havia seu envolvimento com uma proposta de programa na MTV e um filme sobre os Beastie Boys, intitulado provisoriamente *Scared Stupid*. A banda acabaria se aborrecendo com o controle que Rubin declaradamente planejava exercer sobre ambos os projetos, nenhum dos quais se concretizou. Enquanto isso, a proximidade de Rubin com Horovitz também causava atrito no grupo.

Além disso, havia a questão do dinheiro. "Eles trabalharam como cavalos naquele ano, todos os dias", diz Adler. "Uma das coisas pelas quais aguardavam ansiosamente era receber seu pagamento!" Isso não aconteceu. Simmons reteve o que se estimou em 2 milhões de dólares em pagamentos de royalties do multiplatinado *Licensed to Ill*. A razão pela qual fez isso se tornou assunto de discussões.

---

[2] Svengali, personagem criado por George du Maurier em 1895, representa uma pessoa poderosa e de caráter duvidoso que manipula e controla a vida e a carreira de um artista. [N.E.]

O enorme sucesso dos Beastie Boys havia exposto a fraqueza de uma gravadora que, apenas dois anos antes, estava sediada no dormitório de Rubin, na Universidade de Nova York (NYU). Paralisado por um acordo de distribuição desfavorável com a Columbia e dedicado a reinvestir os lucros na empresa, Simmons ficou sem recursos quando os Beastie Boys exigiram seu dinheiro, segundo Carasov. "Ele [Simmons] não estava tentando roubar ninguém, eles [os Beastie Boys] receberiam o dinheiro em algum momento. Mas ele não esperava que lhe pedissem que mostrasse as cartas."

Simmons, no entanto, afirmava que retinha royalties porque os Beastie Boys não haviam cumprido o contrato. Desde que a banda voltara da turnê, Simmons exigia uma continuação para *Licensed to Ill*. Isso, segundo Michael Diamond, era a última coisa que a banda queria fazer.

"Você mal sai da montanha-russa e a gravadora diz: 'OK, aqui está seu ingresso para a segunda rodada. Queremos mais do mesmo, imediatamente'", recorda ele. "E você diz: 'Espera um minuto, estou tonto e enjoado. Vou fazer uma pausa e comer uma pipoca.'" Foi a insistência por um material novo, segundo Carasov, que representou a gota d'água na separação entre a banda e a Def Jam.

"As outras merdas — os filmes, o dinheiro e o que quer que seja — podem ter feito parte, mas esse foi o catalisador", diz Carasov. "Eles precisavam de uma folga. Mas Russell não queria me ouvir. Ele se recusou a ver o que estava bem na cara dele, que era uma banda à beira da separação."

Após voltarem a Nova York depois da turnê, os Beasties haviam de fato seguido caminhos separados. Horovitz, que na época saía com a atriz Molly Ringwald, conseguiu um papel de destaque no filme *Lost Angels*, de 1989, como um jovem perturbado de Los Angeles. Yauch, enquanto isso, gravou um álbum inteiro de demos inspiradas em rock clássico com uma nova banda, a Brooklyn, formada pelo baixista dos Bad Brains, Darryl Jenifer, o baterista do Murphy's Law, Doug E. Beans, e seu velho amigo Tom Cushman.

Os projetos musicais paralelos de Michael Diamond incluíam o grupo de rock Big Fat Love e a Flophouse Society Orchestra, "uma bandinha maluca de jazz" que se apresentava toda quarta-feira no Odeon, como relembra Carasov. Mas o objetivo principal de Mike D e Carasov, que continuaram a morar juntos depois da turnê de *Licensed to Ill*, era bem menos ambicioso. "Eu e Mike havíamos decidido tirar um ano de folga sem fazer merda nenhuma, a não ser beber e tomar cogumelos", diz Carasov.

A ideia de uma banda que havia alcançado o topo das paradas desperdiçar os 12 meses seguintes em projetos paralelos ou em descanso e lazer era enlouquecedora para Simmons, por razões compreensíveis. Tudo que ele queria, como diria mais tarde à *Rolling Stone*, era um compromisso: "Apenas reafirmem o contrato."

Como já era de esperar, os Beastie Boys viam as coisas de maneira diferente. "Se alguém oferecesse pagar o dinheiro que lhe deve em troco de mais trabalho, você provavelmente diria: 'Bem, me pague pelo trabalho que já fiz, porque era esse o combinado'", explica Yauch. Assim sendo, os advogados assumiram o controle da situação.

A grande ironia era que Simmons defendia sua decisão dizendo que temia que os Beastie Boys se separassem caso recebessem o pagamento. E Carasov achava que as ações de Simmons haviam de fato reaproximado o trio em plena rixa. "Agora eles tinham um vilão contra o qual podiam lutar", diz ele.

Os três velhos amigos se reuniriam novamente em Los Angeles, determinados a escapar da sombra de Rick Rubin. O destino, no entanto, estava prestes a apresentá-los ao homem que ansiava por ser seu substituto.

---

"Então você está escrevendo um livro sobre *Paul's Boutique*?", pergunta Jon Sidel, procurando uma sala livre na sede da V2 Records em Los Angeles, onde trabalha hoje, no departamento de A&R. "Legal, mas o que você devia mesmo fazer é escrever um livro sobre Matt Dike. *Essa* é a história que você deveria escrever."

De todos os enigmas escondidos no labirinto de *Paul's Boutique*, nenhum é maior do que Matt Dike. Na época em que ajudou a criar o álbum, Dike era o rei de Los Angeles, um DJ, produtor e dono de boate ultracarismático cujas preferências logo dariam nova forma não apenas à música popular, mas também à cultura popular. Com sua barba, suas bandanas e seus óculos escuros, além de uma paixão por misturar hip-hop e hard rock, ele tinha muitas semelhanças com o homem ao qual esperava se equiparar, seu amigo Rick Rubin. Dike, no entanto, possuía interesses mais vastos e cosmopolitas que Rubin, o que o tornava ainda mais compatível com os inesperadamente eruditos Beastie Boys.

No entanto, pouco mais de uma década depois de *Paul's Boutique*, Dike se afastou tanto do mundo que seu nome chegou a ser grafado errado (como "Dyke") em *The Sounds of Science*, a retrospectiva em capa dura da carreira dos Beastie Boys. O anonimato se deu por escolha. "Tudo que Matt sempre quis foi ganhar milhões com música para poder ficar em casa usando drogas", relembra o artista gráfico Eric Haze, amigo tanto de Dike quanto dos Beastie Boys. "E foi o que ele fez."

Matt Robinson, que servia de DJ reserva para Dike em meados da década de 1980, recorda que ele fugia dos simpatizantes, tocando discos "literalmente de dentro de um armário" à medida que sua fama crescia. "Ele tinha muita dificuldade em aceitar qualquer grau de sucesso." Mais tarde, Dike falaria com admiração, em entrevistas, sobre o lendário e excêntrico produtor Phil Spector. E aqueles com quem trabalhava, inclusive os Beastie Boys, Mike Simpson e John King, notaram as excentricidades do próprio Dike desde o começo, incluindo seu apego extremo pelos confortos do lar.

Quando o repórter da revista *Spin* Greg Sandow visitou um estúdio de Los Angeles em 1989 para assistir a Dike trabalhando, descobriu que Dike apenas telefonava de casa para os engenheiros de som, com instruções. Sandow também avistou os demônios que levariam Dike a se afundar ainda mais. "Recebemos a visita de uma mulher que queria, basicamente, assassinar Dike; quando ela saiu para procurá-lo em casa, alguém telefonou para avisá-lo", escreveu Sandow anos mais tarde. "As últimas palavras que ouvi dele foram: 'Estou ligando a cerca elétrica.'"

Atualmente, os boatos sobre Dike são abundantes. Existem histórias de amigos lançando sacolas de comida por cima da cerca de segurança de sua casa em Echo Park para garantir que ele tenha o que comer. Outra lenda diz que Dike foi assaltado sem saber enquanto estava isolado em seu quarto, e depois atingiu o assaltante acidentalmente com um saco de lixo que jogou pela janela. Alguns velhos amigos, como o produtor Mario Caldato Jr., aparecem em sua casa de vez em quando, mas o caso de Jon Sidel, que não vê Dike há anos, parece mais típico. "Passei mais tempo com aquele filho da puta do que qualquer um, e ele era um gênio", diz Sidel. "Só gostaria de entrar em contato com ele."

É verdade que encontrar Dike envolve algum esforço. Mas, apesar de todas as lendas, seu charme e carisma são imediatamente visíveis, enquanto ele tem ideias quase mais rápido do que é capaz de expressá-las. Imaginar esse personagem inteligente e entusiástico como a força motriz por trás de *Paul's Boutique* — reivindicação feita por mais de um participante — não é difícil.

"Fazer aquele álbum foi uma experiência muito divertida", recorda Dike com uma risada. "Simplesmente não parecia nada real."

Nascido em West Nyack, Nova York, Dike começou a trabalhar como DJ quando era adolescente, no fim dos anos 1970, em festas de porão no campus da NYU. Lá, ele faria amizade com um grafiteiro sem teto chamado Jean-Michel Basquiat e viveria em primeira mão o crescimento do hip-hop. Essa estava longe de ser sua única paixão musical, no entanto. Um "perfeito *mod*", Dike passou um ano na Inglaterra depois do colégio, se deleitando com os sons pós-punk do The Jam e do Public Image Ltd. Quando voltou aos Estados Unidos e se mudou para Los Angeles, "literalmente com vinte dólares no bolso", deu início a uma obsessão por vinil que duraria a vida inteira. "Foi quando os CDs começaram a surgir", diz Dike, "e você conseguia qualquer álbum de funk ótimo dos anos 1970 por 25 centavos".

Ele passou quatro anos como assistente de Basquiat, que havia se mudado para a Califórnia e estava se tornando uma estrela no mundo da arte. "Foi um episódio muito didático sobre insanidade", diz Dike, que começava a encontrar sua própria voz criativa através da sua coleção de álbuns, em veloz expansão.

*Paul's Boutique* tem suas raízes no ambiente das boates underground de Los Angeles que Dike, Sidel e um pequeno grupo de amigos construíram durante os anos 1980, imitando a mistura da cultura hip-hop com a atitude punk rock das boates de Nova

York, como a Danceteria e a AM/PM. Sidel, um nova-iorquino que frequentava a UCLA, começou sua carreira em um bar da Melrose Avenue chamado Rhythm Lounge. Convenceu o dono a empregá-lo como host — conceito estranho para as boates de Los Angeles, mas que era "um bom jeito de pegar garotas".

Foi no Rhythm Lounge que os Red Hot Chili Peppers fizeram seu primeiro show. O rapper Ice-T trabalhava como MC da casa, e Madonna, antes de se tornar famosa, sempre aparecia por lá. Mas Sidel estava encantado sobretudo com o DJ da boate, que tocava uma mistura intrigante de heavy metal, sucessos do início do hip-hop e obscuridades de colecionador, mantendo a pista de dança lotada.

"Matt conseguia levar um bando de velhas à loucura. Era tipo uma aberração da natureza. As mulheres curtiam ele", diz Sidel, que rapidamente fez amizade com Dike. "As pessoas me achavam legal, mas, quando eu estava com ele nas festas, eu era tipo o baixista, não o guitarrista principal."

Reconhecendo o talento de Sidel para ideias que traziam dinheiro, Dike logo o contratou como host de outra boate, a Power Tools. Provavelmente o lugar underground mais famoso de Los Angeles nos anos 1980, a Power Tools foi criada por Dike e o fotógrafo da revista *Interview* Brad Branson "como um clube intimista", como relembra Pam Turbov, representante de A&R na Columbia Records que mais tarde se tornaria executiva da Delicious Vinyl e agenciaria diversos artistas. "Era um público bem eclético", diz ela.

A boate começou no loft de Branson na Crenshaw Avenue, tendo Dike, Branson, Turbov e a modelo Kathy Yeung como anfitriões. Mas quando Branson deixou a Califórnia rumo à Europa pouco tempo depois, Dike e Sidel decidiram levar a festa para um espaço maior no centro da cidade. Sediada no velho Park

Plaza Hotel, a Power Tools passou a atrair 2 mil pessoas por noite, e, no verão de 1986, foi palco de um show acidentalmente memorável, que reuniu a maioria dos músicos responsáveis por *Paul's Boutique*.

Sidel tinha agendado os Beastie Boys, que estavam abrindo os shows do Run-DMC na turnê Raising Hell, para uma aparição na Power Tools.[3] Mas ele estava ainda mais animado porque o Run-DMC, então à beira do estrelato, tinha aceitado o convite.

"Foi tão intenso e tão louco. A energia parecia a de um show de rock", recorda Turbov sobre o ambiente pré-show. "Isso nunca tinha acontecido antes com o hip-hop." Os caras do Run-DMC, impressionados, ofereceram tocar seu single da época, "My Adidas", o que Sidel afirma melancolicamente que "teria sido o auge pra nós".

Isso nunca aconteceu. O breve set dos Beastie Boys, formado pelas músicas "Hold It Now, Hit It" e "It's the New Style", encerrou a noite prematuramente, por um problema no equipamento de som.[4] Sidel já havia implorado a Dike, que ele dizia ser "pão-duro pra cacete", para melhorar o equipamento da boate, que era alimentado apenas por um amplificador de som

---

[3] Não se sabe se esse show aconteceu em 9 de agosto — no outono de 2005, um panfleto antigo apareceu no eBay anunciando um show dos Beastie Boys na Power Tools nessa data (embora não houvesse menção do ano) — ou em 16 de agosto, quando a turnê Raising Hell passou por Oakland. Jon Sidel se lembra do Run-DMC dirigindo para chegar ao show no norte da Califórnia; um Max Perlich adolescente trabalhava, enquanto isso, como motorista dos Beasties.

[4] Segundo a maioria dos relatos, o sistema sofreu um curto-circuito antes de a banda subir ao palco, mas Dike diz ter uma fita cassete da apresentação dos Beasties. "Houve muitos xingamentos na plateia e muita cerveja sendo arremessada", recorda ele. "Uma mentalidade neandertal, mas divertida."

estéreo. Agora não teriam escolha. E quando a boate começou a esvaziar, um cliente irritado foi tagarelar nos ouvidos de Sidel sobre o fracasso. "Eu estava chateado e falei: 'Você precisa de um técnico de som.' E ele disse: 'Eu sei'", relembra Mario Caldato Jr., que visitou a Power Tools naquela noite com seu amigo Mike Nishita, ambos doidos de ácido. "Então consegui o trabalho na semana seguinte."

Caldato, de origem brasileira, era um mecânico que passava os dias fazendo peças de avião e as noites tocando em bandas de rock e ska de Los Angeles. Tinha praticamente desistido de fazer música quando chegou à Power Tools, mas desenvolveu uma amizade com Matt Dike enquanto consertava o equipamento da boate. "Eu gostava de vê-lo tocar", diz Caldato. "Era divertido ver como as pessoas reagiam aos discos."

Essas reações eram fonte de fascínio constante para Dike, segundo Sidel: "A gente sentava lá e conversava o dia inteiro, o dia inteiro, sobre o que as pessoas faziam quando ele tocava uma música específica." Por isso, não foi surpresa quando Dike decidiu tentar criar sua própria música. Caldato se lembra de Dike usando um gravador de quatro canais para gravar um baterista amigo seu, Kevin Dolin, tocando vários solos originais, que se tornaram parte dos sets de DJ de Dike. "Funcionou, e aí acho que as engrenagens começaram a girar na cabeça dele", diz Caldato. "Tipo: 'Ei, eu sei fazer isso.'"

O próximo passo era conseguir um equipamento melhor. Caldato ajudou Dike a escolhê-lo — inclusive uma bateria eletrônica sampler E-mu SP-12 e um gravador e mixer Tascam 388. Caldato forneceu os microfones, compressores, reverbs e outros efeitos, e ajudou Dike a transformar a sala do seu apartamento em Hollywood em um estúdio improvisado, com um armário servindo de cabine de voz.

A maior parte de *Paul's Boutique* seria criada nesse espaço apertado, transbordando caixas de discos. Mas o primeiro colaborador de Dike foi o ex-guitarrista do Public Image Ltd., Keith Levene, uma lenda do punk londrino que na época morava em Los Angeles. Sidel se lembra dos dois enfurnados no apartamento de Dike com a SP-12, também conhecida como Emulator. "A gente costumava fazer piada com isso — 'O que você está fazendo aí dentro do Emulator?'", brinca Sidel, com um falso sotaque britânico. Algo memorável estava acontecendo durante aquelas sessões, no entanto. "Keith foi o cara que me apresentou ao sampling", relembra Dike.

No início de 1988, Adam Horovitz encontrou Dike numa festa. As músicas que ele tocava pareciam de outro mundo, "como quatro álbuns de breakbeat tocando ao mesmo tempo",[5] relembra Horovitz. "Perguntei o que era aquela música, e ele disse que ele a tinha criado." Muita coisa havia mudado em poucos meses. Embora ninguém soubesse na época, a equipe que traria *Paul's Boutique* à vida agora estava completa.

---

O termo usado com mais frequência para descrever tanto Mike Simpson quanto John King é provavelmente "descontraído". Essa qualidade tem alguma coisa a ver com a maneira como os dois se conheceram no início dos anos 1980, nos Claremont Colleges, um conjunto de seis faculdades a mais ou menos meia hora a leste de Los Angeles. Ambos haviam desistido de tentar se inscrever em faculdades, mas King acabou con-

---

[5] Horovitz acrescenta: essas faixas posteriormente se tornariam parte dos álbuns inaugurais de Young MC e Tone-Loc.

seguindo se candidatar para o McKenna College porque era o que tinha menos exigências e o prazo de inscrição mais longo, e o orientador educacional do ensino médio de Simpson simplesmente o inscreveu no Pitzer College, informando a ele depois do fato consumado.

Nascido em Manhattan, Simpson foi estudar filosofia, enquanto King, nascido na Flórida, passaria para o Harvey Mudd College de Claremont e se formaria em ciência da computação e economia. Acima de tudo, os dois eram DJs que adoravam o funk antigo e o novo hip-hop. Seus caminhos não se cruzariam, no entanto, até que Simpson largasse seu programa de hip-hop na estação de rádio do campus, a KSPC, durante o verão de 1985, e King fosse contratado para ocupar seu lugar. Três semanas depois, Simpson mudou de ideia e voltou à faculdade. "Disseram: 'Você devia falar com esse cara, o John. Aposto que vocês podem apresentar o programa juntos'", relembra Simpson.

As personalidades discretas e os gostos musicais dos dois eram uma combinação perfeita, e "The Big Beat Showcase" — apresentado por "EZ Mike e King Gizmo" — se tornou o que Simpson acredita ter sido "o primeiro programa dedicado a hip-hop na Califórnia". Eles também abririam juntos uma empresa de discotecagem, tocando em festas universitárias e aprimorando suas habilidades, segundo King, "numa cabana minúscula e em ruínas atrás da casa de festas da faculdade", com tapetes reaproveitados, tirados do lixo, cobrindo as paredes como isolamento acústico.

Em dado momento, a dupla encontraria espaço nas rádios para suas próprias faixas, bases instrumentais que criavam para tocar em anúncios institucionais. Suas primeiras músicas foram registradas num gravador de quatro canais, com Simpson criando loops manualmente numa turntable. Logo eles explorariam o sampling na casa de Jeff Stacy, um músico local que emprestou seu estúdio para a dupla por uma noite. "A gente apareceu na casa do sujeito totalmente despreparado", relembra Simpson. Eles gravaram um rap; anos depois, desinteressado, Stacy se lembraria de "como a música era boba".

Mas depois que Simpson e King compraram um sampler Roland S-10, no fim de 1986, o trabalho deles melhorou. Um dos primeiros a notar a mudança foi um rapper de voz grave chamado Anthony Smith, que ficaria muito mais conhecido como Tone-Loc. Ele visitou a KSPC em 1987 com seu agente, Orlando Aguillen, para promover o single "Cheeba Cheeba". "Loc adorava as bases instrumentais que a gente colocava no fundo dos anúncios", recorda Simpson. "Aí ele disse: 'Estou me preparando pra gravar meu primeiro álbum. Vocês deviam conhecer os caras que abriram essa gravadora, a Delicious Vinyl.'"

No dia seguinte, Aguillen ligou para Simpson e pediu para ouvir algumas das bases instrumentais pelo telefone. Simpson concordou. "Quando voltei ao telefone, era outra pessoa, uma voz diferente. O cara estava pirando, dizendo: 'Esse material é incrível! Onde vocês estão? Podem vir encontrar a gente em Hollywood?'"

A voz ao telefone era de Matt Dike, que tinha acabado de achar seus futuros parceiros, os Dust Brothers.

---

Depois de seus experimentos com Keith Levene, Dike começou a fazer música com seriedade. Ele e um amigo, o DJ Mike Ross, nascidos na Califórnia, tinham decidido abrir sua própria gravadora. Ross frequentara regularmente o Rhythm Lounge quando era estudante da UCLA, e reconheceu uma alma amiga em Dike.

"Éramos simplesmente dois DJs que pensavam parecido e gostavam de hip-hop e soul", relembra Ross. "A gente costumava comprar discos juntos."

Eles logo decidiram criar seus próprios discos. Caldato lhes dera o estúdio e o material, e os dois se inspiraram no exemplo da Def Jam. "Vimos o que Rick Rubin estava fazendo e dissemos: 'A gente pode fazer isso. Ou pelo menos devíamos tentar'", diz Ross. "Só tocar discos não era o suficiente."

A possibilidade de samplear, no entanto, tinha criado espaço para um tipo totalmente novo de produtor: um DJ que podia não ter as aptidões musicais de um músico, mas que tivesse um bom ouvido para a colagem. O sampling já existia sob diversas formas desde os anos 1950, quando Dickie Goodman começou a usar versos de hits famosos da época numa série de discos inventivos e experimentais. Mas foi só em meados dos anos 1980, quando samplers digitais permitiram que esses trechos e quebras fossem, com facilidade, capturados, manipulados e usados em loops, que o sampling se tornou uma opção real para artistas e produtores.

Em parte como homenagem a sua principal matéria-prima, a nova gravadora de Dike e Ross se chamaria Delicious Vinyl. O primeiro contrato dos dois foi com Tone-Loc, que impressionou Ross logo que foram apresentados. "Eric B. & Rakim estavam fazendo sucesso naquela época, e quando ouvi o Tone falar, pensei: 'Caramba, esse sujeito tem uma voz ótima. Ele pode ser nosso Rakim.'" O LP de estreia da gravadora, *Cheeba Cheeba*, estava vendendo bem quando Dike falou com Mike Simpson na KSPC.

No dia seguinte àquele telefonema, como relembra Simpson, ele e King "carregaram o carro e foram até o apartamento ferrado de Matt na Santa Monica Boulevard". Descobriram que os DV Studios eram na verdade um velho apartamento no segundo andar de uma construção à beira da linha do trem, acima de uma loja de peças de freio. "Ficava numa área muito, muito perigosa de Hollywood", diz Eric Haze, que tinha uma chave da casa de Dike e ficava hospedado lá quando estava na cidade. "Arrombaram meu carro duas vezes em frente àquele apartamento, era animado assim. Era 'grunge' antes que a palavra existisse."

Na época, King e Simpson não prestavam muita atenção na parede descascada e na falta de ar-condicionado. Estavam mais interessados em seu anfitrião, que dançava pela sala ouvindo as demos que eles tocavam para ele e Mike Ross. "Então Matt e Mike disseram: 'De repente vocês podiam usar o nosso estúdio e nos ajudar a fazer nossos discos, e vocês podem fazer suas próprias músicas'", diz Simpson. "Então a gente pensou: 'É, isso pode ser divertido.'"

Simpson e King passaram a ir todos os dias a Hollywood, onde seus talentos se misturaram facilmente com as habilidades de Dike, Ross e Caldato. Fazendo jus ao apelido "Giz",[6] King "era o cara da tecnologia", segundo Mike Ross. "Ele era muito bom com samplers e tal. E Mike era um ótimo DJ." A dupla também trouxe algo entre trinta e quarenta bases instrumentais nas quais tinha trabalhado anteriormente. "Algumas viraram faixas de Tone-Loc", diz Simpson, "e outras viraram faixas dos Beastie Boys." E uma delas, uma versão retrabalhada e muito divertida do clássico break de hip-hop "Apache", se tornou o segundo single da Delicious Vinyl, "Know How".

O artista era uma aposta nova chamada Marvin Young, um mauricinho formado em economia pela Universidade do Sul

---

[6] Gizmo significa "engenhoca" ou alguém que é bom em lidar com elas. [N.T.]

da Califórnia que se autodenominava Young MC. Ross tinha oferecido um contrato a Young depois de ouvi-lo rimar pelo telefone. "Ele era um letrista fantástico", diz Ross. "Fiquei maravilhado com sua habilidade de inventar histórias engraçadas." Uma delas se tornaria a base para "Wild Thing", o segundo hit do coautor Tone-Loc em 1988. Mas mesmo antes desse sucesso, os lançamentos em LP da gravadora haviam gerado assunto suficiente para lhe render um acordo de distribuição com a Island Records. A essa altura, Simpson e King haviam sido rebatizados Dust Brothers, nome que capturava as características psicodélicas da sua música.[7]

A dinâmica do estúdio no apartamento de Dike era, no mínimo, não convencional. "Matt era um pouco recluso. O quarto dele ficava lá no fundo, no fim de um longo corredor. Para ir da sala ao resto do apartamento, você tinha que atravessar a cozinha. E ele frequentemente trancava a porta da cozinha e se escondia no quarto", diz Simpson. "De vez em quando ele saía com um ou dois discos e dizia: 'Dá uma olhada nesse aqui. Dá uma olhada nesse outro', e desaparecia de volta para dentro do quarto, depois de nos fornecer samples — além dos samples

---

[7] Tanto Dike quanto Simpson dizem ter inventado o nome. Simpson diz que ele e John King se inspiraram na antiga série cômica underground *The Fabulous Furry Freak Brothers* e queriam uma "referência anacrônica à droga", depois de rejeitarem o nome "Crack Brothers" como uma piada de mau gosto, devido aos acontecimentos recentes. Dike se lembra de Simpson e King terem sugerido "Three the Hard Way" como *nom de pop* para o trabalho de produção do trio, e de terem aceitado, em vez disso, a sua sugestão, "Dust Brothers". Dike, segundo Simpson, "nunca foi oficialmente um Dust Brother", ainda que os Dust Brothers estejam listados como um trio em *Paul's Boutique*. Isso, imagina Simpson, "foi só por uma questão de praticidade".

que a gente estava tirando dos nossos discos. E basicamente foi assim que nós três começamos a trabalhar juntos — John e eu fazendo o lado mais prático do sampling, cuidando do equipamento e também do arranjo."

Dike, no entanto, é descrito por quase todos os que estavam presentes na produção do disco como o "idealizador e mentor" das sessões — o cara das ideias e da centelha criativa. E muitos insistem que Mario Caldato foi o herói anônimo da equipe, um trabalhador incansável que ralou para traduzir conceitos brilhantes em ótimos álbuns. "Mario fez tudo acontecer", afirma Max Perlich. "Matt tinha as ideias e Mario as executava."

Os resultados da parceria foram inquestionáveis, colocando mais ênfase nas músicas do que nos artistas. "Estávamos apenas criando bases instrumentais, sem saber para quem. E a cada dia um rapper diferente aparecia — Tone-Loc, Young MC, Def Jef", conta Simpson. "Acho que foi um pouco como nos dias da Motown, em que eles gravavam as bases e depois faziam cada um dos artistas experimentar um vocal nelas. E quem fizesse o melhor ficava com a faixa."

Um punhado de bases instrumentais, no entanto, resistiu a todos os esforços para encontrar o MC certo. "Eram umas mixes malucas, com uma tonelada de samples e de chiados. Muitas faixas eram tão densas que realmente não havia lugar para um rapper", diz Simpson. "A gente tentava com Loc, depois com Young MC, mas simplesmente não havia espaço pra nada. E eram um pouco mais esquisitas do que as outras coisas que a gente fazia. Então deixamos essas de lado, como faixas dos Dust Brothers. E pensamos que em algum momento teríamos o bastante para um álbum."

Antes que isso pudesse acontecer, no entanto, os rappers perfeitos para aquelas bases densas e empoeiradas apareceriam bem ali, na sala de Matt Dike.

---

Michael Diamond e Adam Yauch estavam claramente apenas procurando se divertir quando apareceram no apartamento de Dike numa noite em fevereiro de 1988. Diamond e Yauch haviam feito diversas viagens a Los Angeles nos meses anteriores, se juntando à estrela do filme *Lost Angels*, Adam Horovitz, no intuito de resolver seu futuro pós-Def Jam. "A gente percebeu que tinha que dar um jeito nas nossas vidas, levar as coisas mais a sério e nos reunir com algumas gravadoras", diz Diamond.

Enquanto isso, procuraram Dike, naturalmente, em busca de festas. Ele agora administrava com Pam Turbov uma nova boate chamada Enter the Dragon, e, junto com o sucesso crescente da Delicious Vinyl, sua reputação como especialista em programas descolados da noite de LA estava no auge.

No entanto, Dike também ouvira dizer que os Beasties estavam querendo deixar a Def Jam, e convencera Simpson, King e Caldato: "A gente devia tentar pegar esse projeto." Assim, quando seus convidados chegaram, segundo King, "Matt apertou o 'play' sorrateiramente de um aparelho de som com uma fita cassete do nosso trabalho mais recente". Uma colagem loucamente densa de batidas de funk e disco music intitulada "Full Clout"[8] irrompeu, e os Beasties ficaram perplexos.

---

[8] A versão original, segundo John King, era a "obra-prima instrumental" dos Dust Brothers. Antes de se encontrarem com os Beasties, King e Simpson haviam levado uma cópia para o Funky Reggae, uma boate

"Tudo soava incrível", relembra Yauch, anos depois. "Era tão rico, com camadas e mais camadas de música." Diamond, que já havia cultivado a reputação de homem de negócios bem-articulado do grupo, teve uma reação mais pragmática: "Ele disse, tipo: 'Uau! Podemos comprar isso?'", conta Simpson com uma risada.

Eles não fizeram nenhum acordo, mas a curiosidade dos Beasties tinha sido despertada. "Mike disse: 'Olha, a gente vai voltar pra Nova York amanhã. Vocês podem gravar uma fita com todas as músicas desse tipo que vocês têm?'", conta Simpson, e acrescenta: "Então foi o que fizemos."

A fita, que incluía "Full Clout" (que depois se tornaria "Shake Your Rump") e "Dust John" (o título original de "Car Thief"), foi devidamente enviada por correio aos Beastie Boys. Então veio a espera, particularmente agonizante para Simpson, que tinha sido aceito na faculdade de direito da Columbia University. Era necessário pagar uma taxa de inscrição para segurar a vaga, e o prazo se aproximava rapidamente. Quando um telefonema para a FedEx revelou que o pacote com a fita demo não tinha sido entregue e estava num depósito em Nova York, Simpson, desanimado, começou a se preparar para a carreira de advogado.

Então, num domingo à noite, menos de uma semana antes do prazo para pagar a taxa de matrícula, o telefone tocou. "Era Mike D, e ele disse: 'Ok, reserve um tempo em algum estúdio. Vamos pegar o voo da noite e queremos começar a trabalhar no álbum amanhã.'" Alguns telefonemas frenéticos abriram espaço

---

que abria uma vez por semana, onde Dike às vezes discotecava. "Matt colocou a faixa sem avisar e vimos o lugar explodir", recorda King. "As pessoas enlouqueceram e aplaudiram depois da música. Foi muito legal, e estranho."

no Record Plant, um dos estúdios mais famosos de Los Angeles, onde foram gravados álbuns como *Hotel California*, do Eagles, e *Rumours*, do Fleetwood Mac.[9]

Aquela era uma proposta intimidante para John King e Mike Simpson, que, até então, nunca tinham colocado os pés num estúdio de gravação profissional. "A gente não sabia como nada funcionava", admite King, "mas fingimos saber". Os Beastie Boys garantiriam sua aposta nos Dust Brothers de outra forma: "Eles queriam regravar as demos com um engenheiro famoso", relembra Caldato, que não fora convidado para o Record Plant. No lugar dele, o grupo contratou "um sujeito caríssimo que tinha trabalhado com Sly and the Family Stone", segundo Simpson. "Acho que pensaram que ele seria o cara certo, com base em seu currículo." Não foi o caso. "Fizemos algumas mixes brutas e ele foi demitido imediatamente depois", conta Simpson, rindo. "E a gente pôde trazer o Mario como engenheiro para o resto do álbum."[10]

O plano original dos Beastie Boys para o álbum era serem eles próprios os produtores, mas, quando Dike ouviu uma das músicas novas — uma sessão de bateria para o que se tornaria depois "Hello Brooklyn" —, "soube que teriam problemas", em suas palavras. Em seguida, a ideia foi trabalhar com diversos produtores, mas a química — e o uso de químicos — partilhada pela banda e seus correspondentes em Los Angeles se mostraria forte demais para resistir.

"Matt e Mario estavam muito nervosos, mas quando os rapazes apareceram, foi como estar em família", relembra a atriz

---

[9] Essas sessões, entretanto, muito provavelmente começaram no apartamento de Dike, antes de seguirem para o Record Plant.

[10] Embora os Beasties tenham ficado decepcionados com as mixes, Diamond diz que ainda assim elas foram usadas nas demos de duas músicas da banda, que foram vendidas a outras gravadoras.

Lisa Ann Cabasa, amiga de Dike.[11] "Logo que eles chegaram aqui, acho que saíram pra jogar basquete — falaram sobre música e bateram papo furado."

Duas músicas foram gravadas durante essas sessões iniciais: "Full Clout" e "Dust Joint". Simpson e King haviam sugerido que se simplificasse as faixas para uma versão de hip-hop mais familiar e sucinta, mas o grupo recusou. "Dissemos: 'Não, queremos rimar nela do jeito que ela está'", conta Yauch. Era um instinto que ia contra a maior parte do hip-hop de sucesso da época, e certamente afastou o trio dos sons crus e metálicos de *Licensed to Ill*. Esse instinto, entretanto, conquistaria um novo e importante fã para os Beasties — e um novo contrato de gravação.

---

Na primavera de 1988, Tim Carr estava em seu escritório na Capitol Records quando um advogado que ele conhecia telefonou com uma pergunta. Os Beastie Boys queriam deixar a Def Jam. Carr teria interesse em conversar com a banda?

Com o sucesso de *Licensed to Ill*, Carr dificilmente teria dito não. Mas suas razões para concordar com a reunião tinham tanto a ver com arte quanto com negócios.

Nascido em Minnesota, ele havia se mudado para a cidade de Nova York em 1980 a fim de trabalhar no Kitchen Center for Performing Arts. A primeira vez que notou os Beastie Boys foi quando eles estavam largando suas raízes de punk hardcore e se voltando para o hip-hop com o hit underground "Cooky Puss". Carr se lembrava dos Beasties — que tinham acabado

---

[11] E estrela dos vídeos de Tone-Loc, "Wild Thing" e "Funky Cold Medina".

de acrescentar Adam Horovitz, do The Young and the Useless, à sua formação — se apresentando num show patrocinado pelo Kitchen Center com o igualmente desconhecido Sonic Youth.

Naquela época, para Carr, sua vida "tinha mais a ver com Laurie Anderson e Glenn Branca e o lado experimental do cenário artístico do centro da cidade". Mas, ao mesmo tempo, ele também agenciava o rapper pioneiro Fab 5 Freddy, e estava à frente da mistura de cultura hip-hop e arte erudita do início dos anos 1980.

Carr faria a transição para a indústria da música em 1986. "Comecei a levar bandas a gravadoras, porque ainda era possível conseguir um contrato de gravação para Laurie Anderson, quando um financiamento era bem mais difícil", ele recorda. "Eu estava vendendo artistas a diferentes pessoas de A&R e elas diziam: 'Você devia trabalhar com A&R.'"

Carr encontrou uma vaga no escritório da Capitol em Nova York, que era "apenas um posto avançado de A&R" para a sede da gravadora na Costa Oeste. Ele causaria imediatamente uma forte impressão com seu primeiro contrato: o Megadeth, uma banda de metal de Los Angeles. Dentro de seis curtos meses, Carr se tornaria o chefe de operações da Capitol na Costa Oeste, aos 29 anos.

Quando os Beasties visitaram seu escritório, primeiro eles vasculharam sua coleção de discos. Carr havia acabado de voltar da Jamaica com um bando de singles de dancehall e ragga, e também tinha muitos vinis de hip-hop expostos. Para ele, foi isso que impressionou o grupo: "Acho que eles não viam isso quando entravam no escritório de outras pessoas de A&R." O que Michael Diamond viu foi um executivo nervoso desempenhando um papel pouco invejável. "Ele teve que entrar no nosso universo do nada, e negociar nos nossos termos", diz Diamond. "Deve ter sido difícil, sobretudo por ter sido naquela época."

Mas Carr, como os Beasties, tinha uma ótima noção do absurdo, especialmente quando aplicado ao mundo da música. "Eu estava sentado numa cadeira imensa, quando não me achava pronto pra isso nem um pouco", diz ele. Com algum tipo de acordo mútuo estabelecido, começaram a trabalhar. "Tocaram duas músicas para mim: 'Full Clout' e 'Dust Joint'", conta Carr. "E eu falei: 'A gente tem que gravar isso.'"

Muitos dos colegas de equipe de Carr na Capitol discordaram. Primeiro, havia a questão de a banda ainda ter um contrato em vigência com a Def Jam. Os Beasties haviam garantido a Carr que seu advogado podia livrá-los do contrato, mas ninguém estava disposto a aceitar aquela declaração só na palavra. E mesmo que o grupo conseguisse se livrar das garras da Def Jam, ainda havia questões sérias sobre que tipo de contrapartida, exatamente, a Capitol ganharia.

"Todos estavam com muito medo. Diziam: 'Os Beastie Boys na verdade são Rick Rubin'", recorda Carr. "Todos achavam que ele escrevia as músicas e havia criado a imagem da banda." A reputação de bad boys dos integrantes também fazia a Capitol hesitar. Uma história que ainda circulava dizia respeito à expulsão do grupo de Black Rock, a sede da CBS Records. Os Beasties haviam sido acusados de roubar algumas câmeras da empresa em uma coletiva de imprensa em 1985, e, junto a Ozzy Osbourne — que mordera a cabeça de uma pomba durante uma reunião com a gravadora três anos antes —, se tornaram os únicos artistas que não eram bem-vindos nas instalações da CBS.

No entanto, quando a Capitol resolveu levar o trio a Los Angeles no fim daquela primavera, os Beasties estavam comportadíssimos, recuperando os traquejos sociais de suas infâncias. Ad-Rock era filho do pintor e dramaturgo Israel Horovitz; o pai de Yauch era arquiteto e a mãe, diretora de uma escola pública; e Mike D era filho de uma decoradora de interiores e de Harold Diamond, um dos marchands mais famosos do país.

Esse pano de fundo foi útil quando a banda se encontrou com o diretor executivo da Capitol, Joe Smith. "Acabou que Joe Smith tinha comprado um Brach[12] do pai de Mike alguns anos antes", conta Carr. "Mike entrou e disse: 'Você comprou um Brach do meu pai'; e Joe Smith ficou, tipo: 'O quê?!' E, de repente, se deu conta de que aquele garoto de péssima reputação era filho do marchand mais importante de Nova York."

Depois de um encontro com Carr, David Berman, presidente da Capitol, e Tom Whalley, chefe de A&R da gravadora, num restaurante de *soul food* no bairro de Wilshire, os Beasties os deixaram impressionados. "Eles eram, sem dúvida, o grupo mais inteligente de jovens arrogantes que eu já havia conhecido", diria Berman mais tarde. "Era tipo: 'Eles são inteligentes demais para não darem certo.'"

Mas o que facilitou o fechamento do negócio, na visão de Carr, foi a chegada de um concorrente: a MCA Records, dirigida pelo poderoso Irving Azoff. "A Columbia tinha praticamente espantado a concorrência", conta Carr. Mas a proposta de Azoff, segundo ele, mexeu com os instintos de competição de Berman. "Irving e David Berman tinham uma espécie de competitividade de longa data. Então David disse: 'Se Irving os quer, talvez eu os queira.'"

Tendo recebido menos de 100 mil dólares em direitos autorais pelo multiplatinado *Licensed to Ill*, os Beasties não sairiam barato. O advogado da banda, Ken Anderson, estava exigindo uma garantia de 3 milhões e um contrato para dois álbuns, segundo Carr. "Era o equivalente a um contrato de 20 milhões de

---

[12] Pintor expressionista americano, Paul Henry Brach.

dólares hoje em dia. Era incrível." Sobretudo para uma banda de um sucesso só, que era como Joe Smith ouvia falar do grupo. "Ele perguntou: 'Por que estamos fazendo isso?' E David respondeu: 'Tim acredita neles. Tom acredita em Tim. Eu acredito em Tom e Tim. Quero fazer isso.'"

Azoff também levou a banda a Los Angeles, e supostamente estaria disposto a pagar os 3 milhões que eles estavam pedindo. Se a Capitol cobrisse, pensava Carr, conseguiria o grupo — talvez em parte devido à relação que ele havia estabelecido com os Beasties. "Meu passado como vendedor de loja de discos, como colecionador, jornalista, curador, agente e fã de música", conta ele, "tinha me proporcionado o banco de dados certo pra lidar com os Beastie Boys".

Naquele verão, o trio escolheria oficialmente a Capitol,[13] desencadeando vários processos legais, tanto em âmbito federal quanto estadual, em Nova York, por parte da Def Jam e da CBS, que ainda acreditavam ter um contrato com os Beasties. Semanas antes, ao ouvir boatos de que os Beastie Boys estavam à procura de uma gravadora, Rick Rubin disse ao *New Musical Express* que achava que o grupo não gravaria mais nada. Isso provocou uma resposta irritada de Adam Yauch, que afirmou que Rubin estava tentando sabotar os planos do trio de lançar um novo single no verão e um álbum no Natal de 1988. A resposta dos Beastie Boys ao processo da Def Jam foi igualmente rápida: eles contraprocessaram a gravadora por violação de contrato e falta de pagamento, exigindo a quantia que faltava dos direitos autorais.

---

[13] Diamond diz não lembrar o que levou o grupo a assinar com a Capitol. "Acho que era melhor no papel", diz ele. "Acho que John, Paul, George e Ringo davam mais banca a eles do que o New Edition dava à MCA."

Essa saga jurídica fez do primeiro contato de Tim Carr com Russell Simmons, da Def Jam, um encontro incômodo. O cenário não ajudou: o encontro ocorreu na Tenth Street Baths, uma sauna do East Village frequentada por uma clientela diversificada de executivos da música e mafiosos russos.

O braço direito de Simmons, Lyor Cohen, reconheceu Carr e o apontou como "o sujeito que está roubando os Beasties da gente". Carr recorda: "Ele [Simmons] não sabia quem eu era, e de repente estava me conhecendo, nu, naquela sauna. E falou: 'Você não quer se meter comigo, cara. Vai perder essa batalha. Eles estão presos num contrato muito amarrado. Isso pode virar uma complicação muito maior do que você imagina.'"[14]

Carr acreditava que essa ameaça voltaria para assombrar Simmons mais tarde, ao ser repetida durante os depoimentos no processo da Def Jam. Mas a banda que os dois disputavam estava alheia àquilo. Os Beastie Boys tinham enfim recebido seu dinheiro, e estavam oficialmente trocando seu passado em Nova York por sonhos californianos ainda mais amplos e promissores.

---

De acordo com os termos do contrato com a Capitol, Horovitz, Yauch e Diamond receberam um adiantamento de cerca de 750 mil dólares — menos os honorários do advogado — por *Paul's Boutique*. Não perderam tempo em usar esses ganhos inesperados, estabelecendo um quartel-general no nono andar do Mondrian, um hotel de luxo na Sunset Boulevard. Ponto preferido

---

[14] Naquela mesma noite, Carr voltaria a encontrar Simmons no Soul Kitchen, de Frankie Jackson. Simmons ignorou Carr, mas este comentou com um amigo: "Ele só não me reconhece quando estou vestido."

das estrelas de rock itinerantes, era o local perfeito para que os Beasties aperfeiçoassem sua filosofia esbanjadora.

"Era toda uma ideia de que o dinheiro não tinha importância", conta Tim Carr. "E se algo custava dinheiro, era mais divertido — sobretudo se fosse o dinheiro de outra pessoa." Não que usar seu próprio dinheiro impedisse os três de praticar suas pegadinhas. "Eles davam gorjetas uns aos outros. Ad-Rock pedia chá gelado, colocava na conta do quarto de Mike D e dava uma gorjeta de 25 dólares", relembra Carr. É claro que se divertir à custa dos seus novos colegas de gravadora era ainda melhor. "A gente sentava perto da piscina, e eles gritavam para Bret [Michaels], do Poison: 'Em que quarto você está?' E aí colocavam um monte de merda na conta dele. Eu ficava pensando: 'Meu Deus, isso está mesmo acontecendo?'"

A banda desfrutava mais do que apenas chá gelado e gorjetas, como Carr descobriria durante suas viagens a Los Angeles a cada seis semanas, mais ou menos. "Era o início dos telefones celulares, então os Beasties andavam por aí com *walkie-talkies* e ligavam uns para os outros, de um lado do bar ao outro. E todos tinham carros incríveis. Eles entraram de cabeça na cultura automobilística de LA. Mas eles eram assim com tudo."

A Capitol logo recebeu um alerta dessa atitude. Um dos primeiros atos oficiais da banda depois de assinar contrato com a gravadora foi requisitar uma sala de conferência e organizar um falso "teste de elenco para um clipe" a fim de conhecer garotas. "O álbum não tinha sido nem concebido àquela altura", lembra Dike. "Mas o que poderia ser melhor do que ter quinhentas garotas bonitas aparecendo de biquíni?" Os Beasties e seus produtores assistiram às candidatas dançarem ao som de algumas músicas instrumentais de Dike e dos Dust Brothers, sentados a uma mesa — "bêbados, com baseados enormes e pilhas de dinheiro na nossa frente", conta Dike.[15]

O consumo ostensivo, somado à imagem já grandiosa dos Beasties, rapidamente os transformou no sucesso de Los Angeles. "Eles eram tratados como deuses", diz o fotógrafo Ricky Powell, que na época era frequentemente chamado de "o quarto Beastie". "Aonde quer que fossem, boates, festas, tudo. Tinham muitas admiradoras mulheres, e muitos groupies homens também."

Powell muitas vezes ganharia passagens para Los Angeles, sendo um dos diversos amigos de longa data — assim como Sean Carasov, Cey Adams e Max Perlich — que permaneceram no círculo íntimo da banda. Mas eles também estavam criando rapidamente um novo e influente grupo de amigos. "Aqueles jovens eram atores e músicos", relembra Adams, "os filhos e filhas da realeza de Hollywood". Dentre eles estavam Balthazar Getty, neto do bilionário J. Paul Getty; a filha de Mick Fleetwood, Amy; e Karis Jagger, filha de Mick.

"Nenhum daqueles jovens tinha emprego, e todos tinham casas enormes e dirigiam carros chiquérrimos", diz Adams. "Eu ficava espantado com a quantidade de riqueza."

Duas outras pessoas que se aproximaram dos Beasties foram os filhos do cantor folk Donovan: o músico Donovan Leitch Jr. e a atriz Ione Skye. Leitch se lembra de 1988 como "uma festa de 24 horas", começando com cafés da manhã demorados — "Você nunca chegava com menos de dez pessoas", ele conta — nos quais a banda e seus amigos planejavam o dia. Havia festas na piscina, frequentes viagens de carro a Lake Arrowhead

---

[15] "O álbum começou quando fizemos isso", reage Diamond, suspirando com a lembrança, "mas isso não deixa a coisa menos duvidosa, ou errada".

e ao Joshua Tree National Park, e noites de dança em boates a que Matt Dike era afiliado, como a Enter the Dragon e a Dirt Box.

Adam Yauch e John King volta e meia saíam de madrugada para esquiar. "A gente colocava o controle de velocidade do Mercedes em 160 no meio da noite, em direção a Mammoth", recorda King. "Então, como a neve era uma porcaria lá, a gente ia pra Tahoe ou Snowbird, e era o máximo."

Toda essa recreação, financiada pela Capitol, estava ajudando os Beastie Boys a recuperar a sanidade perdida durante os últimos dias de *Licensed to Ill*. Mas não era de espantar que o novo álbum estivesse avançando a um ritmo menos frenético. Até as sessões de composição do grupo à tarde no Mondrian, trabalho "que envolvia uma boa quantidade de vinho tinto e maconha", segundo Mike Simpson, logo seriam dominadas por um dos esportes favoritos dos Beasties. "Reparamos que todo dia, em certo horário, as pessoas faziam fila à porta da Comedy Store, que ficava bem do outro lado da rua. Então alguém — não sei quem — teve a ideia de que seria divertido tacar ovos naquelas pessoas. E isso se tornou uma espécie de ritual cotidiano."

"Certa noite, tinha uma fila de pessoas esperando pra ver Billy Crystal na Comedy Store. E os Beasties subiram no telhado e tacaram ovos do outro lado da rua, que caíam feito pedras", conta Tim Carr. "A Comedy Store ligou pro Mondrian, e a segurança do hotel e a polícia apareceram. E ninguém queria assumir a culpa por nada."

O lançamento de ovos seria também adotado em excursões de carro pelo centro de Los Angeles, e chegou a inspirar uma nova música, "Egg Man". "Havia uma espécie de pesquisa por trás do que eles aprontavam", Carr admite, com um sorriso. "Mas eles não tinham limites."

A equipe do Mondrian abordaria as sucessivas perturbações numa "carta muito politicamente correta" à banda. "A carta dizia que havia reclamações sobre coisas caindo pela janela do quarto da banda, e que, se houvesse um problema com a janela, eles podiam mandar o pessoal da manutenção consertar. Foi absolutamente hilário", recorda Simpson.

O homem que teria de responder em nome dos Beasties, Tim Carr, estava começando a discordar disso.

---

"Seria ótimo, sabe, se a gente pudesse simplesmente ir trabalhar todo dia e dizer: 'Ok, vamos trabalhar no estúdio da uma hora da tarde até tal hora, e vamos terminar o álbum em dois meses'", diria Mike D a um entrevistador de rádio, em 1989. "Mas nunca funciona assim… Você pode ir ao estúdio durante duas semanas e conseguir um dia de trabalho. Mas esse único dia é muito especial pra pessoas muito especiais como nós."

Seria difícil resumir melhor os hábitos de trabalho dessas pessoas muito especiais durante o verão de 1988. Os dias se atropelavam no apartamento abafado de Matt Dike enquanto os sete colaboradores experimentavam novas ideias e substâncias estranhas. Não é de espantar que essa combinação prolongasse consideravelmente as sessões. Um informante recorda que Adam Yauch, que frequentemente assumia a liderança criativa, "levava todo mundo à loucura" com suas sugestões. "Ele tomava cogumelos e dizia: 'Ok, vamos passar a mix inteira por um pedal de guitarra!' E você pensava: 'Porra, alguém pode matar esse cara?'" O uso de drogas por parte da banda, nos padrões dos astros do rock, era razoavelmente moderado. "Vinho e maconha" eram os vícios principais, segundo Mario Caldato, que chama — não totalmente de brincadeira — "Hippie Steve, o fornecedor gente boa" da banda, de influência fundamental em *Paul's Boutique*. Para Ione Skye, a maconha e os cogumelos dos Beasties pareciam muito distantes dos pesadelos que a heroína causava à banda do seu namorado Anthony Kiedis, os Red Hot Chili Peppers. "Parecia muito mais divertido e menos sombrio com os Beasties", diz ela.

Outro observador da época acrescenta: "As pessoas perguntam: 'Drogas ajudam a criar arte?' Eu diria: ouça *Paul's Boutique*."

E era exatamente isso que Tim Carr queria fazer. Infelizmente, ele não podia. "Porque eles não terminavam nada!", relembra. "Naquela altura, 'Shake Your Rump' e 'Dust Joint' eram as melhores faixas. E era, tipo, porra, o que está acontecendo aqui?"

Parte do problema era que os Beasties, livres para encontrar uma nova direção, não sabiam mais sobre o que escrever. Segundo Diamond, essa não foi uma situação exclusiva de *Paul's Boutique*. "Passamos por isso com cada álbum. A gente senta e olha um pro outro: 'Ok, que merda a gente vai dizer agora?'" Dessa vez, no entanto, o dilema era tão evidente que Matt Dike lembra: "Tivemos que escrever algumas das letras pros caras logo que eles vieram pra cá, porque estavam com um bloqueio criativo grave. Eu tenho uns cadernos de coisas que sugerimos, só para engatar o processo."

Enquanto esperava, Carr se divertia vasculhando o paraíso dos colecionadores que era o apartamento de Dike. O meio milhão de discos era a atração principal, mas havia também muitos objetos dos anos 1970, aninhados junto de pinturas valiosas de artistas como o antigo chefe de Dike, Jean-Michel Basquiat. "Ele sabia exatamente quais eram as coisas certas de se ter", diz Carr sobre Dike, com admiração. "A capa de álbum mais legal dos Ohio Players ao lado de um Keith Haring, por exemplo."

Essa estética, que se encaixava perfeitamente com as tendências retrô dos próprios Beasties, influenciaria profundamente *Paul's Boutique*, assim como o empreendimento futuro da banda, a gravadora Grand Royal. E Carr podia ver que *alguma coisa* estava acontecendo entre as baforadas e as apropriações de símbolos de uma época passada. Só era difícil dizer o quê. "Uma batida entrava por cima de outra, e você nunca sabia no que aquilo ia dar. Os Beasties tinham cadernos e mais cadernos, e cada página dava início a uma nova rima", relembra Carr. "Os Dust Brothers estavam, tipo, dividindo o átomo. Mas a coisa toda era como um experimento interminável."

Como a banda estava gravando na casa de Matt Dike, sem quase nenhum instrumento de verdade, as economias eram imensas. Mas os Beasties, como lembra Carr, "ainda gastavam de 30 a 40 mil dólares por mês", sem um agente para ajudar a conter os muitos excessos — como os carros alugados que Horovitz não parava de bater, "dando aqueles saltos no estilo *The Streets of San Francisco*, em que você passa por uma colina e flutua no ar", relembra Donovan Leitch com uma risada.

Carr admite que estava se divertindo mais do que nunca. Seu bom senso, típico do Centro-Oeste dos Estados Unidos, no entanto, começava a aparecer. "Parecia mesmo um trem de carga fora de controle, descendo a toda a velocidade por uma colina em direção a um muro. E não tinha nada que eu pudesse fazer para pará-lo."

Mesmo assim, os Dust Brothers, Dike e Caldato, que estavam usando seus equipamentos bem além dos limites, não conseguiam ir rápido o bastante. Quando *Paul's Boutique* foi lançado, virou moda compará-lo com *Sgt. Pepper's*, por causa de sua ambição evidente e seu ar psicodélico. O que poucos críticos perceberam foi outro paralelo mais pertinente. Assim como George Martin e os Beatles tinham levado gravações de quatro faixas o mais longe possível com sua obra-prima de 1967, a equipe por trás de *Paul's Boutique* estava testando os limites rígidos de tecnologias ainda embrionárias como gravação e automação de computador.

Fazer loops e sobrepor samples perfeitamente sincronizados se tornou, desde então, uma tarefa simples para qualquer um com um computador. Em 1989, o processo era laborioso. "Basicamente, a gente encontrava um ritmo e fazia loop com ele, então gravávamos isso numa fita e deixávamos tocar por cinco minutos numa faixa da fita", relembra Simpson. "Aí a gente encontrava outro loop, e passávamos horas fazendo com que este sincronizasse com o primeiro, e então, quando estava tudo em sincronia, a gente gravava isso em cinco minutos de outra faixa. E a gente simplesmente enchia a fita assim."

"E quando a gente tinha enchido a fita toda com loops, a gente começava, e o Mario tinha uma mesa de mixagem muito primária, com um tipo de automação muito primitivo. Era bem complexo, mas se você sabia que faixas queria tocar em um dado momento, você digitava os números da faixa num pequeno computador Commodore ligado à mesa de mixagem. E cada vez que você quisesse que entrasse uma nova faixa, você tinha que digitar manualmente. Era simplesmente doloroso. Demorava *tanto*. Havia muitas tentativas e erros... não tinha interface visual pra mostrar o que estávamos fazendo. Essa foi a maior dificuldade que tivemos."

A arma secreta dos Dust Brothers — "sem ela, a gente não teria sido capaz de criar álbuns" — era um aparelho chamado J.L. Cooper PPS-1. Ele convertia as duas formas de timecode comumente usadas por músicos, MIDI e SMPTE, de uma para a outra; esse diálogo eletrônico permitia que os loops fossem sincronizados na fita. Embora a engenhoca fosse indispensável para seu trabalho, os Dust Brothers passaram a odiá-la. "Era uma caixinha de merda que parecia ter sido feita num projeto de serralheria do ensino médio", diz Simpson com alguma aspereza. "E também nem sempre funcionava. Era uma maquininha pentelha."

Enquanto essas dificuldades ocorriam na parte mais decrépita de Hollywood, não muito longe dali, dentro da Capitol Tower, também havia inquietação. Num prenúncio do que seria a década de 1990 para o meio musical — turbulenta e cheia de fusões —, o EMI Music Group, pai da Capitol, se aventurou fora da indústria em maio de 1988 e contratou Jim Field, ex-executivo da General Mills, para dirigir a empresa. A mudança daria início a uma nova era de prestação de contas nas gravadoras, na qual homens engravatados assumiriam um controle maior das decisões, e o lado pragmático triunfaria sobre as considerações artísticas.

Era uma notícia assustadora para os executivos da Capitol, David Berman e Joe Smith, que estavam no segundo ano de um contrato de três anos e precisavam seriamente justificar os gastos arriscados com os Beasties. Smith estabeleceria a nova pauta da gravadora pouco depois. "Nossas carreiras, nossos salários, nosso futuro estão em jogo nesse ano que vem", disse ele aos funcionários durante a convenção anual da Capitol de 1988. "Quero que vocês saiam daqui com uma sensação de urgência, de intensidade, de determinação, e até com um pouco de desespero."

O sujeito de A&R que representava o único vínculo verdadeiro entre a Capitol e os Beastie Boys estava sentindo o desespero. Às vezes, Carr adotava uma abordagem do tipo "se não pode com eles, junte-se a eles". Conhecendo o gosto da banda por piadas que envolviam ovos, uma vez comprou dúzias dos recipientes plásticos em forma de ovo que vinham com meias-calças L'Eggs e os encheu de queijo cheddar, colocando armadilhas nos quartos de hotel dos Beasties. Mas, pouco depois, recebeu um lembrete incisivo de que não estava à altura de seus colegas quando se tratava de pregar peças.

"Eles foram para a festa que aconteceu depois do MTV Music Awards e fizeram Mario ir vestido de segurança", lembra Carr. "Então encontraram uma escadaria com uma varanda, foram lá pra cima e começaram a fazer uma festa privada dentro da festa. Pessoas como Cindy Lauper passavam por ali e perguntavam: 'O que está rolando?' E Mario dizia: 'Os Beastie Boys estão dando uma festa privada lá em cima.' E elas diziam: 'Posso subir?' E ele: 'Não sei. Você está na lista?'

"Então o Arsenio Hall quis subir, e Mike disse: 'Mario, veja se consegue pegar cem dólares emprestados com o Arsenio.' Aí o Mario fala: 'Sei que isso é estranho, mas o Mike D quer cem dólares emprestados. Tudo bem?' O Arsenio olha em volta e diz: 'Ah, cara, você só pode estar de sacanagem.' O Mario responde: 'Quem dera, mas ele está falando sério.' Então o Arsenio dá cem dólares ao Mario. Depois, Mike desce e vai falar com o Arsenio, que diz: 'E aqueles cem?' E Mike: 'Que cem?'"[16]

Carr embarcou num voo para Nova York no dia seguinte, ainda impressionado com a maneira como os Beastie Boys haviam feito tantos de seus companheiros da indústria musical de

---

[16] Para constar, Diamond e Caldato têm uma lembrança diferente dessa história. "Eu dei cem dólares a Arsenio da parte dos Beasties", conta Caldato, "e disse ao seu guarda-costas que eles queriam falar com ele". Arquivem a anedota de Carr na categoria "se não é verdade, deveria ser".

bobos. Se ele e a Capitol eram os próximos da lista, isso era algo que tentava afastar dos pensamentos.

---

A G-Spot entrou para a história dos Beastie Boys como a casa que permitia que eles saciassem suas fantasias de *blaxploitation*17 mais profundas e sombrias. Imagina-se que seja uma "mansão-museu" chique dos anos 1970 perfeitamente preservada, que a banda e seus sócios destruíram irrefletidamente com orgias e mais orgias no estilo *Licensed to Ill*.

Na realidade, pode-se argumentar que a casa de um só quarto na Torreyson Drive, de propriedade de Alex e Marilyn Grasshoff, na verdade deu aos Beastie Boys uma estabilidade muito necessária num período em que *Paul's Boutique* estava correndo o risco de se perder num mar de drogas e contas de hotel. Pelo menos os 11 mil dólares de aluguel que a banda pagava cada mês ainda eram um negócio melhor do que o custo de três quartos de hotel por duzentos dólares a noite. "Nunca passou pela nossa cabeça que a gente não precisava morar num hotel", admite Diamond com uma risada. "Mas acho que nós todos começamos a pensar mais seriamente: 'Ok, a gente precisa terminar esse álbum.'"

A propriedade tinha uma vista que dava para todos os estúdios de cinema mais importantes e para o Griffith Observatory, e entre os vizinhos da banda estava a atriz Sharon Stone; a antiga propriedade de Errol Flynn (mais tarde comprada pelo

---

[17] Subgênero do *exploitation* (também chamado de cinema apelativo) surgido em 1970 nos Estados Unidos e inicialmente voltado para o público afrodescendente. [N.T.]

cantor Justin Timberlake) ficava ali perto, na Mullholland Drive. Um detalhe menos chamativo, mas ainda assim importante, era o grande "G" dourado na fachada da casa, que tornava o novo apelido do lugar perfeito, e inevitável.

Quando tentaram alugar a propriedade com os Grasshoff, a reputação dos Beasties — ao menos dessa vez — não os precedeu totalmente. Marilyn Grasshoff recorda: "O agente não nos disse nada sobre os Beastie Boys. Falou que eram três jovens escritores."

Os Grasshoff logo ficariam sabendo da história verdadeira. "Quando eu disse 'Os Beastie Boys estão morando na minha casa', as pessoas reagiram: 'Ai, meu Deus, você deixou eles entrarem lá?!' Porque eles tinham feito um filme em que destruíam a casa", conta a sra. Grasshoff. Mais uma vez, "Fight for Your Right (To Party)" estava assombrando a banda, por causa do clipe. "E é claro que eu não assisto a esse tipo de vídeo, então fiquei um pouco nervosa. Talvez a gente tivesse cometido um erro", diz ela.

Não é como se os Grasshoff fossem caipiras incultos. Alex Grasshoff era um produtor e diretor que estivera por trás de alguns episódios de *The Rockford Files* e *CHiPs*, assim como de diversos filmes, incluindo um vencedor do Emmy em 1973, o documentário *Journey to the Outer Limits*. Sua esposa, mais conhecida por seu nome artístico, Madelyn Clark, tinha um estúdio em Los Angeles que, com frequência, músicos de primeira linha alugavam para ensaios em turnê.

O casal, que viajava muito, também tinha o hábito de emprestar a casa a personalidades da indústria do entretenimento. O ator Bill Murray morou na casa nos anos 1980, enquanto fazia o papel do escritor Hunter S. Thompson em *Uma espécie em extinção* (o próprio Thompson ficou na casa de hóspedes). Até o roqueiro Jon Bon Jovi foi inquilino certa vez, surpreendendo agradavelmente a sra. Grasshoff com seu cuidado e bons modos. "Ele cuidou muito bem da casa", recorda ela.

Ao contrário dos boatos, ela diria o mesmo sobre os Beastie Boys. "O que aconteceu foi que eles eram absolutamente cuidadosos e arrumadinhos", diz ela, "e tomaram conta da casa muito, muito bem".[18]

É claro que os Grasshoff também não estavam a par do que ocorria na sua ausência. A atração principal era, na verdade, o armário da sra. Grasshoff, que continha, como lembra Ricky Powell, "umas paradas muito malucas dos anos 1970. Casacos de pele, chapéus malucos de cafetão, sapatos plataforma e muito, mas muito veludo". Mike Simpson, que também chegou a dar uma boa olhada na coleção, observa: "Acho que ela nunca jogou nada fora." Era uma mina de ouro em forma de guarda-roupa que ofereceria aos Beasties — especialmente a Mike D — muito do seu visual retrô da era *Paul's Boutique*.

O trio conseguiu colocar uma mesa de pingue-pongue dentro da casa — lascando o troféu Emmy do sr. Grasshoff no processo. Também usavam frequentemente o sistema *home theater*, raro na época, e o que Mike Simpson recorda como a "imensa coleção de filmes de prisão" do sr. Grasshoff. Simpson e John King, que tinham acesso à casa mesmo quando os Beasties não estavam, passavam o máximo de tempo possível por lá.

"Apesar de John e eu termos feito sucesso com os álbuns de Tone-Loc e Young MC, ainda não tínhamos recebido um

---

[18] Os Beasties, no entanto, seriam os últimos inquilinos da casa dos Grasshoff. A banda quis estender o contrato de aluguel. "Mas meu marido disse: 'Não, eu quero voltar pra casa'", relembra Marilyn Grasshoff. O trio ainda evocaria os Grasshoff com carinho na canção de 1998 "The Grasshopper Unit (Keep Movin')", comparando o casal a Thurston e "Lovey" Howell de *A ilha dos birutas*.

centavo. A gente dividia um apartamento de seiscentos dólares por mês e tinha que passar por cima de mendigos pra entrar no prédio. A gente vasculhava os sofás à procura de moedas pra comprar um burrito na 7-Eleven", recorda Simpson, rindo. "Então a G-Spot oferecia muitos luxos aos quais não estávamos acostumados." Ainda assim, King afirma que a única coisa realmente louca que via ali era "um bando de adolescentes, ou jovens de vinte e poucos anos, fazendo festa em um lugar chiquérrimo, ainda que antiquado".

"Eles não destruíram o lugar como fizeram com muitos outros", admite o frequentador Sean Carasov, que vira mais do que algumas acomodações destroçadas pelos Beasties. "Mas eles *desfrutaram* o lugar."[19]

Diamond se apropriou da suíte principal da casa e Yauch se instalou na sala de televisão, mas seria o quarto subterrâneo de Horovitz na casa de hóspedes, com uma janela que dava para dentro da piscina, que se tornaria a parte mais conhecida da G-Spot. Ricky Powell tiraria a foto do encarte de *Paul's Boutique* através dessa janela, capturando os Beasties fazendo palhaçada debaixo d'água. Em terra firme, no entanto, eles estavam começando a ficar sérios.

---

Depois de meses de incubação, as músicas que formariam *Paul's Boutique* amadureceram em um espaço de tempo sur-

---

[19] Possivelmente o pior estrago que a banda causou na G-Spot, acabou no entanto tendo um efeito benéfico inesperado. Um portão de madeira derrubado pelo carro de Mike D seria consertado por um amigo de Caldato chamado Mark Ramos-Nishita — que se tornou mais tarde um colaborador musical valioso como o tecladista Money Mark.

preendentemente curto. Durante o outono de 1988, os criadores do álbum sentaram para trabalhar; no Natal, quando Tim Carr voltou à Califórnia para fazer um relatório do progresso da banda, o álbum estava quase inteiramente escrito e gravado.

A faixa que mudou o rumo das coisas, segundo Carr, foi "High Plains Drifter". Tendo como base um trecho longo e sinistro de "Those Shoes", do Eagles, ela era menos complexa do que a maioria das outras criações, e seus versos de estilo *true crime*[20] haviam sido escritos "do início ao fim sobre uma base com uma série de samples muito interessantes", conta Carr. "E de repente eles tinham uma música completa." Foi um estímulo — pelo menos para o importunado Carr.

Um fator que ajudou o projeto a ultrapassar seus momentos difíceis, segundo Matt Dike, foi a proximidade rara dos Beasties. "Acho que nunca vi eles brigarem", reflete ele. "Qualquer outra pessoa podia ser vítima de uma sacanagem, mas eles sabiam muito bem quando dar espaço uns aos outros." Era uma amizade que chegou a sobreviver ao que poderia ter sido uma traumática disputa romântica, quando Yauch começou a namorar Lisa Ann Cabasa, que tinha saído algumas vezes com Horovitz. "Yauch perguntou a ele se tinha problema me ligar, e ele disse: 'Sim, tem problema'", relembra Cabasa com uma risada. "Eu não queria ser uma Yoko Ono, então a gente escondeu o caso durante um tempo."[21]

---

[20] Trata-se de um gênero literário no qual o autor se apropria de um "crime verdadeiro", misturando fatos e ficção. [N.T.]

[21] Pouco depois, porém, Horovitz começou a sair com Ione Skye, por quem estava apaixonado havia meses. Skye, que ainda morava com Anthony Kiedis, tentou evitar Horovitz. "Mas estava claro que a gente ia acabar ficando juntos", diz ela. A dupla foi casada durante a maior parte da década de 1990, e, apesar de uma separação extremamente pública, Skye ainda chama Horovitz de "o amor da minha vida".

O trabalho feito no apartamento de Matt Dike durante esse período é lembrado hoje como "uma espécie de névoa", confessa Mike Simpson, que ainda tem de cantarolar diversas músicas para se lembrar dos títulos. Nenhum dos outros colaboradores tem uma lembrança mais clara. "Depois que fizemos as duas primeiras músicas", diz Mario Caldato, "teve um intervalo, e então continuamos direto até acabar".

É muito provável que os ingredientes que Simpson listou certa vez como essenciais à criação de *Paul's Boutique* — "um *bong* azul, brotos de *cannabis indica* de alta qualidade, haxixe, óleo de haxixe, cocaína *freebase*, vinho tinto, cigarros, LSD, café e óxido nítrico" — estejam relacionados à memória turva de todos. O que é certo é que os executivos da Capitol, que tinham o álbum na lista de lançamentos da gravadora para a primavera de 1989, estavam finalmente exigindo ouvir as músicas. Carr foi enviado para buscá-las, mas em vez disso recebeu a prova daquele ditado antigo sobre a vingança ser um prato que se come frio.

"Chego lá e digo: 'Tenho que ouvir.' E eles respondem: 'Não podemos te dar, mas você pode ouvir'", relembra Carr. "E Yauch fala: 'Ei, Tim, me empresta sua chave? Preciso pilar esse baseado.' Então dou a chave do hotel pra ele, ele pila o baseado e coloca a chave de volta na minha mão. E alguém pergunta: 'Ei, Mike, por que você não vai dar uma volta de carro com o Tim?'"

A volta que se seguiu pelas ruas de Los Angeles iluminadas para as festas de fim de ano proporcionou a Carr o presente de Natal que ele mais queria. "Ouvi o que eles tinham, que era basicamente as bases de *Paul's Boutique*. Dei um suspiro de alívio — era *muito* bom", conta ele. "Todos os samples combinavam perfeitamente com as rimas, e era uma mistura perfeita de *memorabilia* nova-iorquina e conhecimento de hip-hop."

Os sentimentos agradáveis e calorosos acabaram assim que ele voltou ao Mondrian. "Percebi que estava sem a chave do quarto. E pensei: 'Ah, merda.'" A brincadeira de Carr com as caixas de L'Eggs, meses antes, se mostrava agora uma cutucada tola num ninho de vespas.

Depois de conseguir outra chave, Carr encontrou seu quarto completamente destruído pelas mãos de Horovitz e Yauch. "Eles tinham até arrancado o cabo do telefone, de forma que eu não podia ligar pra ninguém. Pensei: 'Que babacas meticulosos! Aprendi minha lição. Nunca, nunca mais vou sacanear esses garotos!'"

---

Com o álbum quase completo, os Dust Brothers haviam sido instruídos a entregar uma lista a Mike D com todos os samples usados. O que aconteceu depois depende da pessoa a quem se pergunta.

Autorização de sampling é o aspecto mais confuso de toda a confusão em torno de *Paul's Boutique*. Encontrar alguém envolvido com o álbum que esteja disposto a discutir abertamente as dezenas, se não centenas, de samples usados na sua criação[22] é impossível. É fácil entender por quê.

Na época, os Beasties já tinham sido alvo de um processo que dizia respeito ao sampling; em 1987, eles fizeram um acordo extrajudicial com o músico Jimmy Castor, que processou a

---

[22] Ao longo dos anos, os Dust Brothers arriscaram vários chutes diferentes a respeito do número correto de samples usados. Mike Simpson diz, hoje, que simplesmente não tem ideia. Sua melhor estimativa é "entre cem e trezentos".

banda por um sample usado em "Hold It Now, Hit It". Além disso, um par de processos vultosos contra os artistas de hip-hop De La Soul e Biz Markie não chegaria a acabar com o sampling, mas ajudaria a estabelecer regras para seu uso, garantindo que a autorização de samples deixasse de ser opcional.

Além disso, os Beasties lidariam mais tarde com uma longa batalha judicial contra o músico de jazz James Newton, a respeito de um sample usado em "Flute Loop", de 1994. (O sample havia sido autorizado, mas Newton também queria direitos de publicação.) A banda ganhou o caso, mas a um custo de meio milhão de dólares em honorários advocatícios.

Podemos considerar que os samples usados em *Paul's Boutique* estão hoje isentos de litígio, como explicou Adam Yauch à *Wired* em 2004: "Se dez anos se passaram ou sei lá o quê, e não houve problema, então não é uma questão." Mas a reação de Adam Horovitz — "Ao menos é o que a gente espera" — reflete a incerteza dessa alegação.

Caldato foge de discussões sobre samples — "É possível que não esteja tudo certo" —, enquanto Mike Simpson afirma: "Sei que muitos samples foram autorizados, e sei que alguns não foram." Tim Carr, por outro lado, argumenta que até onde sabe "nenhum dos samples foi autorizado. Mas naquela época a bateria não estava incluída nas autorizações de sample, e hoje está". Mais tarde, Carr corrige sua declaração: "Eles autorizaram o que tinha de ser autorizado."

Numa entrevista de 2002 para a *Tape Op Magazine*, Caldato recorda que a banda pagou 250 mil dólares em autorizações de sampling para *Paul's Boutique*. Mike Simpson também lembra que quando ele e John King receberam seu primeiro extrato de direitos autorais para o álbum, "havia um desconto imenso para autorizações de samples". E Diamond argumenta que foi o primeiro álbum de hip-hop em que se fez uma tentativa de autorizar todos os samples.

O ponto sobre o qual todas as partes envolvidas concordam é que um álbum como *Paul's Boutique* seria praticamente impossível de se fazer hoje. "Poderia ser feito como projeto artístico, se alguém lhe desse 2 milhões de dólares", imagina Mike Simpson. "Mas, comercialmente, acho que não pode ser feito nunca mais."

Isso, no entanto, segundo Matt Dike, era parte do plano desde o início. "Lembro de ter essa conversa com Yauch, e ele dizer: 'Vamos exagerar totalmente e samplear tudo. Vamos fazer disso a gota d'água do sampling'", recorda Dike. "E foi tipo isso o que aconteceu. Algumas daquelas faixas são puro plágio, da pior espécie, mas é isso que é engraçado no disco. É tipo: 'Ei, a gente está roubando vocês!'"

"Às vezes", ele acrescenta com uma risada, "aqueles caras eram muito profundos".

---

Depois de transitar pelo circuito de festas de fim de ano,[23] a banda voltou ao Record Plant no início de 1989 para terminar *Paul's Boutique*. As colagens em 16 canais foram passadas para 24 canais, os Beasties deram os retoques finais, gravaram seus últimos vocais, e o álbum foi então mixado.

---

[23] Incluindo uma parada numa festa de Natal repleta de celebridades, oferecida por Dolly Parton. "Estava todo mundo lá — Madonna, Sylvester Stallone e Bob Dylan", recorda Caldato. "A gente estava relaxando, e Bob estava com a gente, bebendo alguma coisa e fumando um cigarro. Foi o máximo, tinha até neve em Beverly Hills!"

Um oitavo colaborador se juntou aos outros sete durante essas semanas: Allen Abrahamson, um engenheiro assistente do Record Plant. Pouco foi dito sobre Abrahamson, e alguns fãs sem dúvida já se perguntaram se ele era apenas mais um alter ego de Adam Yauch, também conhecido como Nathaniel Hornblower. Mas Abrahamson não apenas era uma pessoa real, afirma Mike Simpson, como foi um colaborador valioso — sobretudo para a inexperiente equipe de produção dos Beastie Boys.

Se Tim Carr estava prestes a dar um suspiro de alívio à medida que *Paul's Boutique* se aproximava do fim, ele teria de esperar. "Eles foram ao Record Plant. E, assim que chegaram, Mike D telefonou para uma empresa de aluguel de salão de festas e pediu uma televisão de tela grande, uma mesa de pingue-pongue, uma de pebolim, uma de hóquei e três máquinas de pinball", afirma ele. "Se pudessem conseguir uma pista de boliche, teriam feito isso. Ocuparam a sala principal do Record Plant, que era usada para gravações de sinfonias e pelo Led Zeppelin, e ela ficou cheia de jogos. Mike disse: 'Ei, Tim, foi um bom negócio. Quanto mais coisas eu pedia, mais desconto eles me davam!' Então, àquela altura, eu não podia nem levar alguém da empresa até lá."

Carr admitiria, de má vontade: "A banda chegou de fato a instalar cabines de voz na frente de toda aquela merda, e fizeram mesmo o trabalho. Mas sempre que você ia lá, alguém estava jogando pebolim ou pingue-pongue." Para Mike D, no entanto, os jogos eram uma declaração de independência, depois de terem sido forçados a gravar *Licensed to Ill* no estúdio preferido de Rick Rubin, o Chung King, no bairro chinês de Nova York. "A gente ia pra aquele estúdio ferrado tipo às duas da manhã", contou Diamond em 1994. "E aí de repente a gente estava ali, indo pra uns estúdios chiques que custavam 15 mil dólares por dia, e a gente entrava lá e jogava pingue-pongue. Sério."[24]

Como a maior parte das decisões difíceis já tinha sido tomada e os ajustes técnicos já tinham sido feitos no apartamento de Matt Dike, a gravação avançou sem grandes problemas. "'Car Thief' foi um desafio, porque tivemos que trabalhar numa sala diferente com uma nova placa SSL", recorda Caldato. "A gente também estava experimentando uma nova substância pra ter inspiração, pra complementar o clima da música. E funcionou!"

Dike, no entanto, não chegou a ficar satisfeito com o resultado da regravação dessa música, nem de nenhuma outra. "Acho que as faixas que gravamos no meu apartamento são melhores — mais enérgicas", argumenta. Ele acredita que parte do problema foi que muitos dos samples originais em vinil foram depois extraídos de CD.

Algumas gravações adicionais seriam feitas em outro estúdio de Hollywood, o Ocean Way Recording. Lá, "Looking Down the Barrel of a Gun", uma das únicas músicas do álbum que contou com instrumentos de verdade, foi gravada em fita. Uma versão grosseira de "Egg Man" que acabaria completando o álbum também foi concluída no Ocean Way. E algumas músicas seriam finalizadas no apartamento de Matt Dike, incluindo "Hello Brooklyn", que foi absorvida pela música de encerramento, "B-Boy Bouillabaisse".

---

[24] O jogo de pingue-pongue que se ouve no início de "3-Minute Rule" foi "provavelmente um acidente, em que um microfone deve ter ficado ligado e o jogo de pingue-pongue sincronizou com a faixa", diz Mike Simpson. "E um de nós falou: 'Deixa rolar a fita! Deixa rolar!'"

As sessões haviam sido concluídas, mas *Paul's Boutique* ainda não era *Paul's Boutique*. Para o título de sua obra californiana, os Beastie Boys recorreriam a Nova York.

---

Para criar a arte da capa do seu segundo álbum, ainda sem nome, os Beastie Boys abordaram seu velho amigo Eric Haze, um grafiteiro lendário que havia se tornado igualmente bem-sucedido desenvolvendo capas de discos e logos para nomes como Public Enemy, Delicious Vinyl e os próprios Beastie Boys. Haze, por sua vez, recorreu à ajuda de David Fried, membro de um coletivo de artistas chamado Avant.

"David estava fazendo experimentos com uma técnica de queimar texturas diferentes em fotografias", relembra Haze. Inspirado pelas características alucinantes do novo som dos Beasties, Haze queria "procurar um clima *Are You Experienced?*" para a capa, e pediu a Fried que infundisse a fotografia de Ricky Powell dos Beasties submersos na piscina da G-Spot com um enxágue de cor néon. O resultado, diz Haze com orgulho, "ficou lindo pra cacete, e psicodélico".

Depois, Haze e Adam Yauch levaram a foto a um estúdio de efeitos especiais, onde, por quinhentos dólares a hora, gravaram na foto o logo dos Beastie Boys feito a mão por Haze. "Depois de umas duas horas fazendo aquilo, Yauch disse algo do tipo: 'Não sei...'", conta Haze, e acrescenta que ele e Fried nunca mais tiveram notícias da banda a respeito da foto.

Mas, segundo ele, antes de perder contato Fried tinha mostrado aos Beasties alguns testes com uma ideia nova: fotos panorâmicas tiradas dos telhados da cidade. A capa — e o título — do novo álbum dos Beastie Boys estava começando a entrar em foco.

---

Jeremy Shatan era amigo da família Diamond há anos, e tinha tocado baixo no The Young Aborigines com Mike D no início dos anos 1980. Não ficou nada impressionado com a reencarnação de seu velho amigo como um Beastie Boy bêbado e sarcástico. "Lembro que Michael me ofereceu uma cópia de *Licensed to Ill*, e eu recusei", recorda Shatan. "Ele disse: 'Pois é, eu sei.'"

Quando almoçou com Shatan numa tarde de primavera em 1989, no entanto, Mike D tinha uma proposta diferente. Ele disse: "Temos uma ideia pra capa do nosso disco, mas não sabemos como executar." Shatan, que havia estudado fotografia na faculdade, se ofereceu para alugar o equipamento necessário e fazer um panorama de 360 graus de uma loja no Lower East Side de Nova York.

A loja em questão era na verdade a Lee's Sportswear, localizada na esquina da Ludlow Street com a Rivington Street. Os Beasties transformariam o lugar na Paul's Boutique, nome tirado de uma propaganda de rádio em uma das fitas cassete de reggae de Adam Horovitz. Lida por Gil Bailey, um DJ veterano que na época tocava música jamaicana na estação WLIB, a propaganda anunciava um armarinho no Brooklyn que vendia "o melhor em matéria de roupas masculinas".[25]

---

[25] A pergunta inevitável permanece: Paul's Boutique era um lugar real? Muitos dos amigos dos Beasties em Nova York dizem que sim, lembrando terem ouvido o anúncio da loja na WLIB. Quando pediram que Gil Bailey comentasse, primeiro ele disse que não, mas depois se corrigiu. A última palavra sobre o assunto veio de Diamond: "Eu acho que era real.

O trio chegou incrivelmente bem preparado para a sessão de fotos de manhã cedo, como observou Shatan. "Eles tinham combinado com o dono da loja com antecedência e tinham feito o letreiro. Fizeram toda uma natureza-morta na frente da loja, com toda aquela merda debochada que achavam que representava a estética do álbum — o banjo, os sapatos plataforma..." Esse trabalho adiantado, segundo Shatan, fez do crédito da fotografia — dado a Yauch (também conhecido como Nathaniel Hornblower) em vez de Shatan e seu assistente, Matt Cohen — algo de certa forma justificável.

As fotos se tornariam parte de uma embalagem tão extravagante quanto as façanhas dos Beasties. As primeiras 50 mil cópias de vinil tinham um encarte de oito painéis dobrados, e as fitas cassete de *Paul's Boutique* vinham em capas de todas as cores. "Tudo o que os Beasties queriam", relembra Tim Carr, "os Beasties conseguiam".

Uma pessoa que discordou do design foi Eric Haze, sobretudo depois de descobrir uma cópia da capa feita por ele[26] na parte interna do encarte. "Com todo o respeito, foi uma decepção", diz Haze, que teria mais satisfação ao trabalhar no álbum seguinte dos Beasties, *Check Your Head*. "Ainda acho que o que eu e David [Fried] estávamos fazendo era muito mais revolucionário."

---

Mais ou menos nessa época, os Beastie Boys contrataram um novo agente, o primeiro desde o rompimento com a Def Jam.

---

A não ser que alguém tenha comprado um anúncio pra algo que não existia. É possível. Não provável, mas possível."

[26] O original pode ser visto no site oficial de Haze, www.interhaze.com.

Andy Slater trabalhava no Howard Kaufman Management — cujo coproprietário era Irving Azoff, que não tinha conseguido levar os Beasties para a sua gravadora, a MCA. "Então Irving meio que os conseguiu indiretamente, de qualquer maneira", diz Tim Carr com uma risada.

Slater era um sujeito promissor com um currículo diversificado. Nascido em Nova York e na época com trinta e poucos anos, era amigo de faculdade do guitarrista do R.E.M., Peter Buck, tinha passado um tempo como jornalista da *Rolling Stone* e da *Billboard*, e então entrado no mundo da produção (na época, acabara de finalizar *Transverse City*, de Warren Zevon). Mais tarde, ele começou a produzir e agenciar artistas como Fiona Apple, Macy Gray e The Wallflowers, e, em 2001, foi selecionado como presidente e diretor executivo da Capitol Records, tornando-se o chefe absoluto dos Beasties.

Slater, porém, estava "lutando contra seus próprios demônios naquele período", segundo um observador próximo da banda. "Olhando pra trás, não sei se ele foi a escolha certa", diz Diamond, com uma diplomacia compreensível. Sean Carasov é mais direto: "Ou você topava aquela pegadinha constante que eram os Beastie Boys ou não topava. E, se não topava, eles implicavam incansavelmente com você. Nunca foram próximos de Slater como foram até mesmo de Russell."

Ainda assim, com um novo álbum, uma nova gravadora e um novo agente, os Beastie Boys estavam prontos para o futuro. Agora só tinham que encontrar um meio de evitar discutir incessantemente o passado.

Leyla Turkkan era a escolha ideal como nova assessora de imprensa para os Beastie Boys. Ninguém no meio das relações públicas sabia mais sobre hip-hop: aos 21 anos, ela roubava o Mercedes dos pais para fazer passeios pelo South Bronx de madrugada, onde buscava o Grandmaster Flash e ia a boates pioneiras como a Fever e a Broadway. Ninguém do meio era mais durão: no verão de 1989, ela criticou severamente Chuck D, do Public Enemy, por sua incapacidade de conter o "Ministro da Informação" antissemita do grupo, Professor Griff. E ninguém do meio tinha uma associação mais longa com os Beasties: Turkkan os conhecera na época em que frequentava discotecas, em meados dos anos 1980, quando seus companheiros de festa eram Russell Simmons e Lyor Cohen.

Só havia um pequeno problema: Leyla Turkkan odiava os Beastie Boys. Com todas as forças.

"Quando recebi o telefonema, lembro de ter pensado: 'Esses babacas de novo, não'", conta. "Eu tinha sido exposta a muitas coisas, mas os Beastie Boys eram os piores de todos. Eram simplesmente horríveis."

Turkkan, aliás, desprezou os Beasties desde a primeira vez que os viu. "Todo mundo tentava se controlar um pouco na frente de outras pessoas. Eles, não. E lembro de Russell e Lyor dizendo: 'Você vai ver, eles vão tocar no Garden. Eles vão ser um sucesso estrondoso.' E eu disse algo como: 'Vocês estão drogados. Vocês são malucos! Esses caras só vão se ferrar.'"

O tempo e *Licensed to Ill* deram razão a Simmons e Cohen, mas não mudaram a péssima opinião de Turkkan a respeito do grupo. Além disso, havia outros motivos para não se envolver. A agência de relações públicas de Turkkan era a melhor escolha do país para artistas de hip-hop em busca de uma assessoria de imprensa independente. E boa parte do trabalho vinha dos velhos amigos de Turkkan na Def Jam — que ainda brigava nos tribunais por seu direito aos Beasties. "Éramos extremamente próximos de Russell e Lyor, e lealdade é muito importante nesse ramo", afirma ela. "Então houve muitas discussões sobre isso. Vai ser um problema? Lyor vai ficar puto?"

Turkkan, no entanto, finalmente aceitou ir até Los Angeles e se encontrar com o grupo. A experiência dissolveu sua animosidade. "Nós tínhamos muito em comum. Todos crescemos no mesmo ambiente em Nova York", recorda Turkkan. "E simplesmente nos demos bem. Ficamos muito, muito próximos. Sobretudo Mike D e eu. Rapidamente nos tornamos melhores amigos."

Ouvir o álbum também foi um fator importante em sua decisão. Turkkan admite que estava "entediada com os artistas que estava representando", e *Paul's Boutique* era o estímulo perfeito. "Era tipo: 'Que se dane que seja um desvio de *Licensed to Ill* — isso é um desvio de tudo!'"

Mas a banda ainda estava desconfiada da imprensa, as lembranças dos tabloides ainda estavam frescas na memória de todos. "Eles não queriam falar sobre *Licensed to Ill*. Não queriam falar sobre o processo [da Def Jam]. Não queriam falar sobre aquele período da vida deles", conta Turkkan. "Meu sentimento era de que tinham criado uma obra de arte, e que a arte se perderia se a gente se abrisse a entrevistas."

Desse modo, foi tomada a decisão de limitar severamente o acesso ao grupo. Os Beastie Boys ainda concederiam algumas entrevistas antes do lançamento do álbum. Como é notório, estariam disponíveis para o "Yo! MTV Raps", se juntando a seu antigo DJ, Dr. Dre, numa suposta turnê mundial, e fazendo uma caminhada pela cidade de Nova York com outro conhecido de longa data, Fab 5 Freddy.

Entretanto, em comparação com a saturação da mídia, comum na época para um lançamento tão importante, a banda investiu pouquíssimo em divulgação para *Paul's Boutique*. Só existe um punhado de entrevistas impressas, e duas das principais foram publicadas na Inglaterra. Essa falta de cobertura sem dúvida ajudou a criar o misticismo do álbum. Na época, no entanto, os executivos da Capitol estavam furiosos.

"Fui tão pressionada, vocês não imaginam", recorda Turkkan. "Tinha noites em que eu ficava no meu escritório chorando, com pessoas me telefonando, gritando comigo. Por que eu não estava marcando entrevistas? Por que não estava usando outra estratégia de mídia? Mas eu estava totalmente comprometida em deixar a música falar por conta própria."

---

O alívio de Tim Carr por finalmente ter um álbum completo — "O melhor álbum com o qual já estivera envolvido", ainda por cima — não escondia um detalhe importante. *Paul's Boutique* continha músicas infinitamente inventivas como "Hey Ladies" e "Shadrach", mas nenhum single principal evidente. Voltando a seu papel de funcionário de gravadora, Carr redigiu o que ficaria conhecido como o "memorando Jumpin' Jack Flash", e reuniu os Beasties e seus produtores para fazer sua proposta.

Carr argumentou que o que impedira os Rolling Stones de ficarem presos ao seu sucesso inicial, definido pelo single "(I Can't Get No) Satisfaction", foi a criação de um outro hit marcante. Foi "Jumpin' Jack Flash", de 1968, que deu aos Stones um som mais sólido e apagou com eficiência o que viera antes. Para Carr, os Beastie Boys seriam prisioneiros de "Fight for Your Right (To Party)" até que criassem um hit melhor.

Era praticamente a pior coisa que ele poderia ter sugerido a três MCs desesperados não só para erradicar "Fight for Your Right (To Party)" da memória do público, como também da sua própria memória. Os Beastie Boys talvez tivessem tido lapsos eventuais de fanfarronice no estilo *Licensed to Ill* no ano anterior, e sua transição de arruaceiros bêbados para maconheiros mais moderados talvez não tenha sido notada pelo público de maneira geral, mas eles estavam determinados a serem levados a sério enquanto artistas. "Um grande silêncio tomou conta da sala", relembra Matt Dike. "E aí Yauch gritou: 'É o cacete! O álbum é esse, sem nenhuma merda de single!'" Já Diamond recorda que o memorando foi recebido com "risada ou descrença, ou ambos. A gente estava sacaneando a ideia".

Dike e os Dust Brothers, no entanto, reagiram com menos desdém. Por mais que amassem a liberdade que lhes havia sido proporcionada enquanto faziam *Paul's Boutique*, todos os três tinham hits a seu crédito e dúvidas de que esse álbum gerasse algum hit novo. "Eu concordava com Tim, mas não podia deixar ele saber. Não teria sido um gesto legal", confessa Dike. Ele sugeriu meio a sério que a banda considerasse fazer uma música no estilo de "Brass Monkey", do primeiro álbum, o que só deixou Yauch mais irritado. "Ele falou, tipo: 'Que se foda 'Brass Monkey'! Nada dessa merda de rima rápida!'"

Mike Simpson já sabia que era inútil tentar empurrar os Beasties numa direção mais comercial. "Eu estava meio nervoso com as faixas dos Dust Brothers, que elas fossem todas não comerciais demais, que talvez não houvesse público pra elas. Por um lado, isso era bacana. Mas por outro", ele ri, "a gente era pobre, então precisava vender alguns discos e pagar o aluguel".

"Então eu fiz umas coisas com samples do Zeppelin, mais alegres e divertidas, *à la* 'Wild Thing'. E chegava a soar como dinheiro", brinca Simpson. Mas a versão dos Dust Brothers de *Licensed to III* estava destinada a permanecer desconhecida. "Eu a levei até a G-Spot", relembra Simpson, "e os rapazes não poderiam ter ficado mais desapontados!"[27]

A banda passaria a confiar na opinião de Carr. Bem depois de deixar a Capitol, ele permaneceu seu confidente e conselheiro. Mas, na época, Carr percebeu que os Beasties ainda o viam, de certa forma, como um inimigo. "Porque eles sempre achavam que se você estava pedindo um single, estava pedindo que a arte fosse limitada de alguma maneira", diz.

Naquela altura, Carr lavou as mãos. "Eu disse a Tom Whalley e David Berman: 'Fiz a minha parte. Não posso pressioná-los mais. O artista tem que fazer a arte, o talento define o mercado.' Era nisso que a gente acreditava lá na Capitol."

As fitas de *Paul's Boutique* seriam enviadas de avião a Nova York para serem masterizadas. Mario Caldato, que recebera instruções de levar as gravações da banda para casa toda noite, recorda ter sido "quase algemado" às fitas durante o voo. Hoje, Caldato acredita que isso se deve parcialmente ao fato de que os Beasties — que também gostavam de fazer com que ele posasse de segurança, ou vestisse um terno e andasse com um celular — simplesmente gostavam de brincar de espionagem. "Era tipo uma missão secreta", diz ele.

No entanto, os deveres de Caldato eram mais do que apenas um jogo, devido à contínua disputa judicial da banda com a Def Jam. Durante o tempo em que moraram no Mondrian, no

---

[27] Max Perlich relembra uma proposta descartada que chegou a ser considerada para o álbum: uma música instrumental de Matt Dike com samples de "Engine No. 9", de Wilson Pickett. "Era uma das melhores ideias que eu já tinha ouvido", diz Perlich.

ano anterior, os Beastie Boys supostamente tinham conseguido evitar receber intimações de oficiais de justiça que esperaram em frente à porta dos quartos "durante dois dias", como afirma Yauch. "Fizemos com que a segurança do hotel os colocasse pra fora." Como sempre, o trio transformou a situação em brincadeira: "Telefonamos pra todos os nossos amigos em LA e pedimos pra eles aparecerem por lá fantasiados", relembra Horovitz. "Yauch usou uma peruca afro enorme, eu vesti uns robes compridos, e eles tentaram pegar a gente, mas não conseguiam saber quem era quem."

Diamond, no entanto, confirma que havia um temor real de que a Def Jam, que alegava no tribunal ter a posse da banda, tentasse pegar as fitas de *Paul's Boutique*. "A gente estava completamente paranoico com isso o tempo todo", admite.

As gravações chegaram sem incidentes à Masterdisk, para uma maratona de três dias de masterização. Seis dos sete colaboradores principais do álbum estavam presentes — Yauch, segundo o engenheiro Andy VanDette, estava doente. Ainda assim, a presença de tantas pessoas na sessão não era comum — e acarretou gastos adicionais. "Juro por Deus, deve ter sido a masterização de álbum mais cara da história", diz Carr.

Também foi difícil trabalhar, contou VanDette ao site Beastiemania.com, porque seus convidados "estavam mais interessados em flertar com a recepcionista da época — uma virgem de 22 anos —, Tina". Ele se lembraria da sessão como "um dos trabalhos de edição mais desafiadores da vida", observando que "estava vendo a luz no fim do túnel quando Ad-Rock pegou uma fita cassete e disse: 'Ah, é, eu queria usar quatro compassos disso aqui... no meio do álbum'".[28] Isso numa época que pre-

---

[28] Provavelmente o comercial de rádio que se tornou "Ask for Janice".

cedeu a edição computadorizada, significava "mais umas duas horas de trabalho". VanDette teria, no entanto, elogios especiais a respeito de Caldato. "Ele sabia que questões tinham que ser resolvidas por alguém, e ia pacientemente atrás de quem quer que fosse necessário."

Depois de mais de um ano, *Paul's Boutique* estava completo. Carr conseguira realizar uma façanha que teria parecido impossível alguns meses antes: entregara o álbum dentro do orçamento, incluindo as inúmeras caixas de ovos. Estava na hora de tirar as férias merecidas, uma decisão fatídica que ele tenta justificar até hoje.

---

Embora os Beastie Boys tivessem sido a principal responsabilidade de Tim Carr durante o ano anterior, eles estavam longe de ser seu único projeto. Em maio de 1989, Carr também era o responsável de A&R para diversos outros artistas da Capitol com novos lançamentos previstos para aquele verão. O Fetchin' Bones, formado por roqueiras da Carolina do Norte, o diretor musical do "Late Show", Paul Shaffer, e o cantor argelino de música raï, Cheb Khaled, eram três de oito outros artistas cujos álbuns Carr entregou mais ou menos na mesma época de *Paul's Boutique*.

Mas Carr era, em suas próprias palavras, "um sujeito muito teimoso", cuja presença não teria sido bem-vinda enquanto o departamento de marketing da Capitol desenvolvia seus planos para os artistas. "Para uma pessoa de A&R, essa é a hora de roer as unhas e a hora em que você questiona a gravadora", ele admite. "E a não ser pelos Beasties, que tinham carta branca do [David] Berman, todos gritavam comigo a todo momento sobre a melhor maneira de apresentar os artistas ao público. Tom Whalley estava até ficando de saco cheio das minhas reclamações constantes."

Por isso, quando Carr disse a Berman e Whalley que estava "à beira de uma crise de nervos" e precisava de uma folga, eles a concederam. Carr partiu em junho para um mochilão pela Ásia, planejando voltar em setembro "como o herói conquistador, o soberano das paradas de sucesso", e *Paul's Boutique* tinha um papel importante nessa jogada comercial.

Não é preciso dizer que as coisas não aconteceram exatamente como o planejado.

---

O problema com *Paul's Boutique*, ao contrário de muitos outros álbuns considerados fracassos ao serem lançados e reconhecidos mais tarde pela sua excelência, não teve nada a ver com suas críticas iniciais. A decisão de Leyla Turkkan de obrigar os jornalistas a focar na música ajudou claramente a produzir o resultado desejado; não apenas a maioria dos críticos reagiria de maneira bem favorável ao álbum, como alguns perceberiam de imediato suas características revolucionárias.

"Sob o risco de soar ridículo, afirmemos logo de cara que *Paul's Boutique* é um álbum tão importante em 1989 quanto foi o *Blonde on Blonde* de Dylan em 1966", escreveu David Hiltbrand na revista *Time*, dizendo que o álbum era "o mais ousado e inteligente do ano".

Isso não pareceu nada ridículo, à medida que críticos dos dois lados do Atlântico se juntaram a Hiltbrand na exaltação dos reabilitados Beastie Boys. Mark Jenkins, do *Washington Post*, notou a evolução impressionante da banda desde sua estreia — "com apenas dois álbuns, os Beasties se catapultaram de 'Blue Suede Shoes' a 'A Day in the Life'" — antes de avisar, e de certa forma prever, que o novo esforço era "uma festa, mas não uma farra regada a cerveja". David Handelman fez a mesma observação na *Rolling Stone*, mas sua avaliação de quatro estrelas declarava que os Beasties "chegaram para ficar".

"Poderia ter sido tão ruim", observou David Stubbs no *Melody Maker*, antes de afirmar que a transformação dos Beasties era "milagrosa" e o álbum "um triunfo absurdamente divertido". Enquanto isso, no *Village Voice*, Robert Christgau aconselhou: "Escutem três vezes com meio baseado para a concentração e o álbum irá surpreendê-los e encantá-los", e ainda chamou *Paul's Boutique* de "um generoso *tour de force*".

Sem dúvida houve palavras desanimadoras. Diversos críticos focaram em músicas supostamente "violentas" como "Looking Down the Barrel of a Gun", e outros, como Nick Smash, da *Hip Hop Connection*, acharam que as colagens do disco careciam de "estrutura musical". E Marcus Berkmann, do *Daily Mail* de Londres, chamou *Paul's Boutique* de "o álbum mais tedioso de artistas supostamente 'importantíssimos' que já ouvi".

Surpreendentemente, alguns dos amigos próximos da banda também tiveram ressalvas iniciais com relação ao álbum. Cey Adams, que foi um dos principais ouvintes críticos dos Beasties ao longo de sua carreira e hoje considera *Paul's Boutique* um dos seus discos favoritos, admite: "Eu não sabia mesmo o que pensar... Pra mim, parecia um Frankenstein musical." Mike Ross, da Delicious Vinyl, achou que seus parceiros de produção tinham esquecido os MCs. "Lembro de ter ficado um pouco decepcionado. Musicalmente era maneiro, mas pensei: 'Cadê os Beasties nesse álbum?'"

Além disso, numa época em que o hip-hop adentrava sua Era de Ouro Afrocêntrica, o silêncio de rappers e produtores importantes sobre o álbum foi ensurdecedor. Se parte disso pode ser atribuída à saída dos Beastie Boys da Def Jam — lar de muitos dos MCs mais respeitados —, outros tinham suas próprias teorias. Leyla Turkkan acredita que sem a proteção de Russell Simmons, os Beastie Boys sofreram na comunidade do hip-hop devido à cor de sua pele. "Com certeza teve uma questão racial", afirma ela. "Certeza absoluta. Não há dúvidas."

Por outro lado, Sean Carasov, que àquela altura estava trabalhando como representante de A&R na Jive Records e tinha assinado contrato com A Tribe Called Quest, discorda. "A Capitol nunca acreditou em *Paul's Boutique* como um álbum de música negra", afirma. "Então pessoas como D-Nice e KRS-One nem tiveram a oportunidade de apoiá-lo."[29] O mesmo aconteceu com Marvin Young, cujo single importantíssimo "Bust a Move" atingiu o ápice naquele outono, justo quando os Beasties estavam sumindo. Young teria dito a qualquer um que perguntasse que achava *Paul's Boutique* "o melhor álbum de sampling de todos os tempos".[30]

Mike Simpson também acredita que a recepção fria do álbum por parte da comunidade do hip-hop teve pouco a ver

---

[29] No entanto, é possível que o álbum tenha impressionado outro artista que faria do sampling uma marca do seu repertório: Sean "Puffy/P. Diddy" Combs. "Lembro que Puffy estava sempre por perto naquela época", diz Carasov, que com frequência tocava versões brutas de *Paul's Boutique* para seus colegas de trabalho. "Isso foi quando ele era estagiário em Uptown e sempre dava em cima de uma garota do departamento de vídeo da Jive Records."

[30] Enquanto isso, um outro músico que não abriu imediatamente para o público suas opiniões a respeito do álbum, segundo Ione Skye, foi seu ex-namorado, Anthony Kiedis. "Anthony ficou com muita inveja de *Paul's Boutique*", afirma ela.

com a música. Ele lembra que os Beasties foram convidados a subir ao palco do Greek Amphitheatre durante a parada da turnê de Run-DMC em Hollywood, em 1988, e apresentaram "Shake Your Rump", obtendo reações extasiadas. "O público foi à loucura", diz Simpson, e eu lembro que Darryl Mac, o DMC, disse: 'Porra! Que música maneira!'" Para Simpson, a razão de tais sensações não terem alcançado o público foi já existir simplesmente muita coisa legal acontecendo na época: "Já tinha A Tribe Called Quest e De La Soul."

Comparações com este último grupo e sua brilhante obra-prima de sampling, *3 Feet High and Rising*, importunariam *Paul's Boutique* pelo resto de 1989 e além. A estreia de De La Soul, produzida com zelo pelo DJ da Stetsasonic, Prince Paul, chegaria às lojas naquela primavera antes do disco dos Beasties. "Como ela saiu antes", observa o biógrafo Angus Batey, "o trio de Long Island roubou a atenção dos Beasties".

Isso, com o tempo, levou à acusação de que *3 Feet High* foi uma influência direta em *Paul's Boutique*, teoria que o próprio Prince Paul acredita ser correta. "Ad-Rock me disse isso. E eu fiquei tipo: 'Sério?' Porque achei *Paul's Boutique* um álbum ótimo, mas na verdade nunca vi nenhuma semelhança. Eu simplesmente nunca vi um álbum que provocasse o mesmo impacto ou chegasse perto de *3 Feet High*", diz ele, antes de acrescentar: "Mas talvez seja só o meu ego!"

Um amigo de Prince Paul, o produtor Dan the Automator, também afirma que os Dust Brothers e Mario Caldato lhe disseram que "chegaram a realmente gastar aquela fita" enquanto faziam o álbum dos Beastie Boys. Ele prossegue, com uma risadinha: "E você se pergunta por que eles chamaram o disco de *Paul's Boutique*?"

Simpson, no entanto, contesta essa alegação. "Lembro de escutar muito 'Plug Tunin'" — o single independente de 1988 de De La Soul —, "mas não o álbum." Mario Caldato confirma que *3 Feet High* só chegou às lojas quando *Paul's Boutique* já estava sendo mixado. Mas quando um mensageiro do estúdio trouxe uma fita do clássico de De La Soul, "a gente curtiu", diz ele.

Deixando de lado todas as opiniões favoráveis e contrárias ao álbum, seriam os números de venda que determinariam o juízo final de *Paul's Boutique* por algum tempo. Por esse parâmetro, ele ficaria mais do que um pouco aquém das expectativas.

---

"Hey Ladies" foi lançado no rádio em junho como um EP de 12 polegadas intitulado *Love, American Style*. A referência aos anos 1970[31] provavelmente não foi percebida pelos apresentadores, antecipando a confusão que seria criada pelo clipe atávico e abstrato da música.

O diretor Adam Bernstein diria, anos mais tarde, que o clima de *blaxploitation* e de *Os embalos de sábado à noite* do clipe de "Hey Ladies" havia sido ideia dos Beasties. "Eles estavam completamente envolvidos com o cinema da década de 1970", disse Bernstein, "sobretudo os filmes de Rudy Ray Moore, o Dolemite". Não há dúvidas de que ver o trio usando perucas afro e calças boca de sino, em vez das jaquetas de couro e calças jeans da época de *Licensed to Ill*, ajudou a alcançar o que Mike Simpson percebera ser um objetivo im-

---

[31] *Love, American Style* foi uma série exibida pela rede de televisão ABC de 1969 a 1974. O programa é mais conhecido por ter dado origem a *Happy Days*, apresentada num episódio piloto em 1972.

portante da banda: "Separar os fãs de 'Fight for Your Right' dos verdadeiros fãs dos Beastie Boys."

O problema era que não havia tantos desses últimos naquele momento para satisfazer as expectativas de multiplatina da Capitol Records. "Hey Ladies" teve sucesso nas paradas de dance, alcançando a 15ª posição, mas só chegou a 36º na categoria pop, uma classificação muito baixa.

Mas isso era apenas o começo. O álbum, lançado oficialmente no dia 25 de julho de 1989, teve mais de meio milhão de cópias expedidas, antecipando números de venda altíssimos. Na era pré-Soundscan, quando as posições nas paradas eram determinadas por números de expedição e não de vendas reais, isso levou a uma superestimação da força comercial. Tais imprecisões foram provavelmente responsáveis por um relatório encorajador no *Los Angeles Times* de 11 de agosto do mesmo ano, que chamou *Paul's Boutique* de "o novo álbum mais badalado" da semana.

Na verdade, ele já estava com os dias contados no mercado. Segundo Tim Carr, donos de lojas devolveram cópias não vendidas do disco já no primeiro mês, e não houve nenhuma das esperadas reencomendas. Sean Carasov lembra de ver plaquinhas de venda douradas para o álbum na Capitol. "E elas não tinham sido distribuídas, porque o álbum não tinha chegado de fato ao ouro", diz ele. O disco atingiria o ápice na 14ª posição das paradas de álbuns da Billboard antes de começar a cair. Para Carr, "num mundo com Soundscan, mesmo esse número mais baixo do que o esperado teria sido muito pior".

O que tornou a situação do próprio Carr ainda pior foi que enquanto o álbum — assim como todos os seus outros projetos — estava fracassando, ele estava fazendo trilhas pela Indonésia e a Tailândia. "Eu teria tido uma crise de nervos", afirma ele, "se tivesse ficado por perto". No entanto, sua partida na véspera de um lançamento desastroso lhe deu um papel nada invejável na história dos Beasties. Embora raramente mencionado pelo nome, ele se tornou, como colocou Angus Batey em *Rhyming & Stealing*, "o executivo de A&R que assinou um contrato com a banda e depois tirou férias e não voltou nunca mais" — supostamente porque já havia previsto que o álbum iria fracassar.

Essa descrição de Carr não ficou limitada à imprensa. Vários anos mais tarde, ao visitar os Beastie Boys na turnê Lollapalooza, ele foi apresentado ao novo percussionista da banda, Eric Bobo, por Adam Horovitz. "Adam disse: 'Você conhece Tim Carr? É o cara que nos fez assinar com a Capitol. Bom, depois ele fugiu, mas foi ele quem conseguiu o contrato.'"

Embora ache graça de tais momentos, essa percepção dos eventos visivelmente ainda persegue Carr. "Se eu soubesse... se tivesse como saber... jamais teria ido pro Sudeste Asiático", diz ele, sério. "Vou sentir essa perda pra sempre, é muito difícil de explicar. Acho que eu sempre soube que estava me afastando com algumas questões não resolvidas, mas achei que tudo que tinha a ver com A&R já tinha sido feito", acrescenta Carr. "Mas talvez eu pudesse ter antecipado o problema... talvez pudesse ter pressionado a administração a fazer os Beasties saírem em turnê."

Ele não fez isso, e, para todos os efeitos, os Beasties também não o fariam, selando assim o destino do álbum. Mas essa grande turnê perdida é o último grande mistério de *Paul's Boutique*.

---

Em toda a divulgação de *Paul's Boutique*, poucos assuntos foram mais discutidos do que os planos de turnê da banda. Mike D apresentava uma incrível variedade de ideias para shows, mudando de história quase que a cada entrevista. Shows de abertura como Charo, Buck Owens e Blue Cheer e até um suposto rapper desconhecido chamado New Wave MC foram cogitados. Um equivalente feminino do velho pênis hidráulico da banda foi cogitado para o show, embora Adam Yauch tenha observado sabiamente que tal adereço não precisaria de "hidráulica na mesma função". E, numa referência à avalanche de turnês de reencontro de dinossauros do rock que ocorria durante o verão de 1989, Diamond disse que o trio "tinha resolvido fazer um reencontro dos Beasties pra entrar na mesma onda". Deixando essas brincadeiras de lado, uma turnê iminente, que começaria no fim de agosto, seria anunciada por Kurt Loder da MTV. Como convidado do "Yo! MTV Raps", Mike D anunciou mais tarde algumas datas a partir de janeiro de 1990.

Na verdade, existiam obstáculos sérios à realização de uma turnê. A banda provavelmente não tinha sido banida de diversas redes de hotéis e da Eastern Airlines como às vezes se alegava, mas desde a confusão no show em Long Beach, em 1986, quando os Beasties abriram para o Run-DMC, os shows de hip-hop carregavam um estigma na mente de muitos produtores. "Do ponto de vista logístico, está virando um puta pesadelo", disse Mike D ao *Melody Maker*, na época. "Só existem hoje uns cinco lugares onde a gente pode tocar."

Ainda assim, após finalmente terminarem o álbum "no que parecia um zilhão de anos...", Mike D afirma que "a gente estava animado pra sair e fazer uns shows". Mas, segundo ele, a empresa que administrava a banda estava muito menos entusiasmada com os planos de fazer uma turnê. "Howard Kaufman argumentou: 'Se vocês se apresentarem agora... vocês não são famosos o bastante pra tocar em arenas, e, se tocarem num lugar menor, nunca serão uma banda de arena'", conta Mike D. "A gente ficou tipo: 'Hã?'"

Alguns não têm tanta certeza a respeito da determinação da banda. Depois da loucura em torno de *Licensed to Ill*, sair em turnê "era algo que Yauch de certa forma temia", afirma sua namorada na época, Lisa Ann Cabasa. "Sei que eles não estavam com muita vontade de voltar pra isso." Além de não quererem tocar material antigo, acrescenta ela, os Beasties estavam lentamente se estabelecendo. Horovitz e Ione Skye tinham começado a namorar, e Diamond e sua futura esposa, Tamra Davis, estavam morando juntos. Acomodada com Yauch numa cabana de madeira no alto das colinas de Hollywood, Cabasa via um grupo que relutava em abandonar os prazeres recém-encontrados da casa e do lar.

Duas apresentações ao vivo para promover o álbum foram bem documentadas. Os Beasties apareceram em setembro no Country Club, em Los Angeles, onde gravaram imagens para o vídeo de "Shadrach". E, em janeiro de 1990, essa música foi reprisada em "Soul Train", embora o apresentador do programa, Don Cornelius, tenha se recusado a deixar que a banda de fato a tocasse ao vivo.[32] A pergunta que desconcertou por muito tempo os estudiosos dos Beastie Boys — e, às vezes, os próprios Beasties — é: "Houve outros shows na era *Paul's Boutique*?"

A resposta é afirmativa, embora seja fácil entender por que todos os envolvidos queiram esquecer a breve "turnê" patro-

---

[32] Os Beasties se vingaram, segundo Max Perlich, preparando uma versão especial de "Shadrach" que incluía a frase de efeito "Do the Don Cornelius" [Ferre o Don Cornelius]. "Ele pirou na hora, porque achou que estavam ao vivo. E parou a gravação. Mas disseram: 'Não, isso está sendo registrado.' Então eles escaparam numa boa", diz Perlich.

cinada pelas estações de rádio em que ocorreram os shows. Mario Caldato, que cumpria a função de técnico de som para o grupo, recorda de meia dúzia de apresentações naquele outono: "Em Miami, Dallas, Atlanta, São Francisco e Boston, ou em algum lugar por ali."

Os espaços eram boates e o repertório era curto, incluindo "apenas cinco ou seis músicas no total", segundo Caldato. Duas eram antigas, escolhidas entre "Hold It Now, Hit It", "Time to Get Ill" e "Paul Revere", e as outras eram novas, e incluíam escolhas óbvias como "Shake Your Rump", "Egg Man" e "Hey Ladies".[33] A curta duração e as circunstâncias inusitadas do envolvimento da estação de rádio — "Era tipo: 'Os primeiros 250 ouvintes da Z-100 podem ganhar uma Coca Diet e uma pipoca e assistir aos Beastie Boys'", relembra Diamond — fizeram dos shows uma cereja amarga coroando o desastre comercial de *Paul's Boutique*. "As pessoas estavam muito animadas pra ver os rapazes", afirma Caldato, "mas ficavam um pouco confusas depois dos shows".

Como haviam decaído os poderosos guerreiros de estrada de *Licensed to Ill*. "A turnê foi claramente bem humilhante", concorda Diamond. "É um milagre a banda ter sobrevivido."

---

A longa e rancorosa batalha do trio com a Def Jam seria finalmente resolvida antes do fim do ano. Os Beastie Boys concordaram em abrir mão dos direitos autorais que haviam recebido até

---

[33] Em outubro de 2005, um colecionador particular comprou quatro "vinis de show" de *Paul's Boutique* no eBay, cheios de músicas instrumentais que teriam sido usadas em shows pelo DJ dos Beasties, Hurricane. Um dos discos tinha a inscrição "13 de out., 1989". Esta seria supostamente uma das datas da turnê.

então por *Licensed to Ill*, e a Def Jam abandonou seus direitos sobre o grupo. Alguns acreditam que a Def Jam também recebeu pontos em *Paul's Boutique* no acordo. De qualquer forma, os Beasties se viram oficialmente livres de Russell Simmons.

Apesar de todos os problemas que *Paul's Boutique* encontrara no mercado, ao menos ele não teve de competir com um álbum de extras dos Beasties que Simmons ameaçou lançar durante o ano todo. Intitulado provisoriamente *White House*, havia alguns boatos de que o álbum tinha sido produzido por Chuck D, do Public Enemy. Outros diziam que era composto de "faixas vocais usadas como samples em house music", como disse Yauch ao *L.A. Weekly*, na época. "Não consigo nem imaginar o que [Simmons] está usando... ele não tem mais que uns dois versos, ou uma merda do tipo."

O grupo ficou convencido de que o projeto era uma farsa. "Você quer saber onde está esse álbum?", Mike D perguntou a Ted Mico, do *Melody Maker*. "Está aqui, dentro da cabeça do Russell." Leyla Turkkan, que ainda é amiga íntima de Simmons, concorda, chamando a suposta coleção de "baboseira". "Não era verdade", diz ela.

Enquanto isso, nos bastidores, mesmo após o fracasso de vendas de *Paul's Boutique*, a banda ainda tentava trabalhar no álbum. Um total de quatro vídeos seriam filmados — Yauch diria mais tarde que seu objetivo era fazer um vídeo para cada música do disco —, mas a Capitol, devido à experiência recente com o disco, estava com um pé atrás.

"Eles tinham dois vídeos e não queriam lançar. Finalmente, depois de muito tempo, conseguimos uma reunião com o presidente, e dissemos: 'Peraí, cara, nos dê uma chance, a gente trabalhou muito nisso'", diria Horovitz mais tarde, relembrando uma conversa com o sucessor de David Berman, Hale Milgrim.

"Ele respondeu: 'Bem, vocês sabem, rapazes, que tem muito trabalho acontecendo no momento, temos um novo álbum de Donny Osmond sendo lançado. Fica pra próxima...' A gente disse: 'O que quer dizer fica pra próxima?' E ele só respondeu: 'Bem, você sabe... fica pra próxima.'"

"Não tem como você se sentir bem depois de uma reunião dessas", diz Diamond. "Ficamos bem frustrados."

Anos depois, Yauch diria à MTV: "Lembro de ter ficado muito surpreso que o álbum não tivesse se saído melhor quando foi lançado, porque acho que era um disco tão melhor do que *Licensed to Ill*, mas... nunca se sabe." Matt Dike, que se sentia responsável pelo fracasso do álbum e temia que "tivesse enterrado os caras", tem a lembrança de uma reação mais visceral: "Eles ficaram completamente desiludidos."

Em 1994, uma banda de muito mais sucesso olharia para sua maior pegadinha do passado com mais apreço. "Nós levamos [a Capitol] ao limite absoluto a que se podia levar uma gravadora. E tudo isso com eles tendo a expectativa de vender muitos discos", vangloria-se Horovitz, antes de Mike D, ainda mais entusiástico, acrescentar: "E aí, e aí — a melhor parte, porra — depois de a gente gastar todo aquele dinheiro jogando pingue-pongue, o disco não vendeu nada!"

Tais pensamentos prazerosos tiveram de sustentar os Beastie Boys durante os dois anos de hibernação que sucederam a *Paul's Boutique*. Naquele período, parecia que a maior piada do grupo seria também a última.

---

Tim Carr voltou a Nova York na primavera de 1990, sem dinheiro e com o verão de sonhos fracassado ainda pesando em sua mente. Certo dia, ele visitou a mesma sauna russa onde encontrara Russell Simmons pela primeira vez, numa época mais estimulante. E, por acaso, quando vestiu a toalha e entrou na sauna, Carr se viu novamente sentado ao lado do empresário da Def Jam.

Simmons o examinou através da névoa, pensando claramente que seu antigo adversário era agora digno de piedade.

"Cara", disse Simmons por fim, balançando a cabeça, "até eu podia ter feito melhor com aquele álbum".

## 2. *Paul's Boutique*

Por diversas razões, este capítulo não chega perto de ser um guia definitivo dos samples usados para construir *Paul's Boutique*. A primeira delas é a questão prática do espaço. A segunda, como foi mencionado no primeiro capítulo, é que os criadores do álbum têm certa relutância em falar sobre alguns dos samples, sobretudo empréstimos que ainda não foram amplamente identificados. E, enfim, os homens que fizeram *Paul's Boutique* simplesmente não se lembram mais de todos os samples que aparecem no álbum — se é que um dia já lembraram.

"Deve ter uma lista empoeirada de todos os samples em algum lugar", diz Michael Diamond esperançosamente. Até que ela venha à tona, no entanto, há vários sites excelentes na internet que detalham minuciosamente boa parte dos samples e referências do álbum. Duas das melhores fontes são www.beastiemania.com e www.moire.com/beastieboys/samples/index.php, que é dedicado exclusivamente a uma análise de *Paul's Boutique*. Letras comentadas também podem ser encontradas em www.beastieboysannotated.com/paul.htm.

Além das 15 faixas de *Paul's Boutique*, este capítulo cobre seis remixagens e extras da mesma época que não aparecem em LP; a maioria tem suas próprias histórias interessantes ou, por vezes, apenas ridículas.

**"To All the Girls"**

O fato de que até mesmo as faixas mais curtas de *Paul's Boutique* têm uma história digna de relato diz algo a respeito do álbum — ou, ao menos, a respeito do gosto de seus criadores por pegadinhas. Um exemplo é a música de abertura, uma criação aparentemente simples. Sobre a introdução melancólica de "Loran's Dance", do baterista de jazz Idris Muhammad, de 1974, Adam Yauch murmura uma dedicatória às mulheres do mundo todo, e sua letra simples é embalada por nuvens de piano elétrico do tecladista Bob James.

A ideia para a nova faixa veio de Yauch, conhecido como o garanhão dos Beasties. Numa retrospectiva de 1998 da revista *Spin*, ninguém menos que Madonna, um símbolo sexual, compartilhou a vaga lembrança de ter dado uns amassos nele nos bastidores durante a turnê da Virgin, e o produtor de turnê Sean Carasov estimava que Yauch, graças a seu estilo "George Michael moreno", era o que dos três Beasties mais atraía garotas. Na época de *Paul's Boutique*, a barbicha de Yauch tinha se tornado uma barba de verdade, mas, como observou Mike D, "se você lesse a revista *Ms.*, veria que muitas mulheres hoje em dia gostam de pelos faciais".

Yauch, porém, só encontrou a base certa para seu tributo quando Matt Dike tocou "Loran's Dance" uma tarde. "Yauch disse apenas: 'É essa!'", recorda Mike Simpson. Seus companheiros de banda concordaram, segundo Dike: "Eles falaram, tipo: 'Ah, meu Deus — a gente tem que fazer um Barry White em cima disso!'"

"To All the Girls", um simples needle drop, foi montado rapidamente. No entanto, o fade in meticulosamente longo — a música só atinge o volume máximo em mais ou menos 1'10'' — não foi nenhum acidente. "Acho que Yauch queria que as pessoas ficassem aumentando o volume, achando que tinha algo errado com o aparelho de som delas", diz Simpson. "E aí o volume finalmente subia, e simplesmente estourava os alto-falantes."

Os Beasties e seus conspiradores testaram essa teoria durante a masterização de *Paul's Boutique*. "Tinha uns alto-falantes imensos, e todo mundo na Masterdisk Havia muito orgulho daquela sala", recorda Simpson. "E não é que funcionou direitinho? O disco começou a tocar, o engenheiro mal conseguia ouvir, então aumentou o volume, e ainda assim mal conseguia ouvir. Aumentou mais... BUM! A nota do baixo entra, e azulejos caem do teto. Foi incrível."

Outra piada interna é que o título faz alusão ao dueto meloso de 1984 de Willie Nelson e Julio Iglesias, "To All the Girls I've Loved Before", que já inspirou uma boa quantidade de paródias. Mas os chamados de Yauch a garotas do Brooklyn e às "núbeis" do Upper East Side são mais do que uma brincadeira devassa. Eles confirmam imediatamente o que é sugerido pelo panorama da capa: *Paul's Boutique* tem Nova York pulsando em seu coração.

### "Shake Your Rump"

Então a calma meditativa é destruída por um tambor tirado de mais um baterista de fusion, Alphonse Mouzon, e a festa começa para valer. Originalmente intitulada "Full Clout", a canção foi renomeada a partir de um verso que o pioneiro do hip-hop Afrika Bambaataa vocifera em "Unity Part 2 (Because It's Coming)", parte de uma colaboração de 1984 com James Brown. Mas a estrutura de "Shake Your Rump" é emprestada de diversas gravações da era disco, tornando-a, pelo menos em termos musicais, o melhor exemplo da estética retrô que a princípio confundiu tantos ouvintes.

Com ao menos uma dúzia de samples, essa é também uma das músicas mais complexas de *Paul's Boutique*. E, como nas melhores faixas do álbum, os ritmos e riffs cuidadosamente combinados criam a ilusão de que é tudo uma peça de soul antigo.

O ritmo contagiante da sequência de guitarra é uma cortesia da versão de 1975 de Ronnie Laws para "Tell Me Something Good", de Stevie Wonder. Um segundo riff, que começa em 2'10'', é roubado da trilha sonora de *Car Wash*, assim como o ingrediente mais chamativo da música: a linha de baixo Moog incrivelmente encorpada que dá início a "6 O'Clock Rock", de Rose Royce. Nesse breve momento instrumental, o som é espontâneo; picotado e remontado, ele faz de "Shake Your Rump" uma música ao mesmo tempo reconfortantemente velha e surpreendentemente nova no tedioso "verão digital" de 1989, e é um dos melhores trabalhos de reciclagem do disco.

O clima exuberante da música invadia o estúdio, um lugar bastante frequentado pelo círculo dos Beasties em LA. "Muitas vezes o que estava rolando no estúdio acabava virando festa. Então, especificamente nessa festa, lembro que em certo momento tinha umas vinte pessoas na cabine de voz fazendo uns vocais de grupo", recorda Simpson. No entanto, foi o segurança do Record Plant que foi convocado no último minuto para pedir a Mike D que se identificasse. E o elemento mais famoso da faixa — a baforada de *bong* no meio da música — foi sugerido e executado por Matt Dike. "O mais engraçado", diz ele, "é que depois disso ouvi sons de baforadas de *bong* em cinquenta outros CDs".

Essa se tornaria uma das faixas características do álbum, mas "Shake Your Rump" foi lançada apenas como Lado B para o single "Hey Ladies", embora um clipe para a música tenha sido filmado pelo trio num terraço de Los Angeles. Ela se tornou parte consistente do repertório ao vivo da banda desde 1992, sujeita a alterações pelo novo DJ do grupo, Mix Master Mike. Dez anos depois de *Paul's Boutique*, cópias piratas registram que ele mantém os Beasties atentos durante "Shake Your Rump", incluindo às vezes "Brick House", do Commodores, nos samples originais.

**"Johnny Ryall"**

Embora o sampling tenha revolucionado o hip-hop em meados da década de 1980, pouca coisa revolucionou o sampling antes que *3 Feet High and Rising* e *Paul's Boutique* surgissem em 1989. Antes disso, "todos os samples vinham de uma série pequena e seleta de breakbeats", observa Tim Carr, "com os quais você fazia qualquer merda por sua própria conta e risco". Em "Johnny Ryall", os Beastie Boys e os Dust Brothers ultrapassaram os limites de "Funky Drummer" e "Apache", tendo Matt Dike como incentivador.

Exceto por uma batida tirada de "The Magnificent Sanctuary Band", de Donny Hathaway, os samples iniciais vêm de uma fonte improvável para a época: "Sharon", uma canção de 1972 de David Bromberg, músico de folk do Greenwich Village que às vezes tocava com Dylan. Dike sempre adorou o "riff louco de stripper folk" em "Sharon" e criou uma nova música em torno dele. A faixa se tornou o projeto especial de Mike D, que tinha o tema perfeito para o clima de rockabilly transformado em hip--hop da música — "era uma das poucas com que [Mike D] tinha muito a ver, musicalmente", diz Mike Simpson.

Johnny Ryall era um nômade que aparecia com frequência nos degraus da entrada do prédio de Mike D em Nova York depois da turnê de *Licensed to Ill*. Ninguém se lembra do seu nome verdadeiro, mas ele foi rebatizado por Sean Carasov, que dividia o apartamento com Diamond na época e também inventou uma história para o amigável mendigo. "Eu tinha essa viagem de que ele havia sido uma estrela do rockabilly. Ele tinha esse visual", diz Carasov. "Na verdade, ele meio que parecia uma versão decadente de Chet Baker." A escolha de escrever a respeito desse desventurado, no entanto, acabaria colocando a banda em companhia inusitada.

Enquanto os Beasties ainda sofriam a repercussão de *Licensed to Ill* — a reação indignada a contos delinquentes como "Looking Down the Barrel of a Gun" sendo um exemplo disso —, outros críticos davam crédito ao grupo por mostrar um pouco de humanidade. Foi assim que "Johnny Ryall" se tornou um dos sustentáculos da ideia, que se espalhou entre alguns grupos, de que os Beasties haviam criado uma consciência — ao menos desde que tinham considerado *Don't Be a Faggot* [Não seja um boiola] como título para o seu primeiro LP. Até o "chefe dos críticos de rock", Robert Christgau, elogiou o "tom de moralidade" do novo álbum.

Os membros da banda contestaram tais suposições. "Todo mundo está tentando dizer que [o álbum] é mais maduro, então é bem capaz de ser, já que essa parece ser a opinião de todos", disse Yauch. "Mas a gente não estava realmente ciente disso até todo mundo dizer. No que diz respeito à sociedade, são só coisas sobre as quais a gente estava a fim de escrever." Diamond ainda rejeita a ideia: "Não foi nem um pouco intencional da nossa parte. Achar isso é nos dar muito crédito."

Ainda assim, após o Live Aid, o ativismo musical tinha se tornado uma maneira fácil de ganhar credibilidade. O auge dessa tendência veio apenas alguns meses depois de *Paul's Boutique*, com *...But Seriously*, de Phil Collins. Como sugere o título, o disco tinha a intenção de mostrar aos críticos que haviam rejeitado o soft-rock incrivelmente famoso do vocalista do Genesis que ele era um cantor com conteúdo. A principal faixa do disco era ironicamente intitulada "Another Day in Paradise" e abordava a terceira questão mais importante na lista de causas das celebridades dos anos 1980 (depois da aids e da fome na África): os sem-teto. Resumindo cuidadosamente uma década de "culpa pop star", com um lembrete de se "pensar duas vezes" sobre um fundo melódico típico de Phil Collins, a música se tornou um hit absoluto e venceu o Grammy.

Quando "Another Day in Paradise" começou a subir nas paradas, no outono de 1989, *Paul's Boutique* já havia desaparecido. No entanto, críticos empenhados em procurar indícios de consciência social tinham feito seu melhor com o álbum. As eventuais menções ao racismo estúpido em "Egg Man" e "Looking Down the Barrel of a Gun" foram devidamente consideradas, embora nenhuma das duas menções tenha nada a ver com o resto das respectivas músicas. A primeira faixa parecia, inclusive, justificar os arremessos de ovos dos Beasties, com base no fato de que a banda estava na verdade tentando acertar pessoas racistas. Como isso poderia ser determinado do teto do Mondrian é algo que nunca foi explicado.

"Johnny Ryall", no entanto, parecia um caso mais claro, a não ser pelo fato de os Beasties, desde o início, abordarem sua situação com menos gravidade do que o habitual, quando Mike D se refere a ele, simplesmente, como um mendigo. Divididos entre a onda do politicamente correto e o conforto da sua antiga natureza debochada, os Beasties insistem, algumas estrofes depois, que o sr. Ryall não é um mendigo, embora ele more na rua.

Essa confusão se manifesta ao longo da música, na qual Johnny Ryall recebe compaixão em um verso e uma sutil zombaria no seguinte, e também ficou clara nas entrevistas. Por vezes, os Beasties usavam seu personagem (que supostamente escrevera "Blue Suede Shoes", mas fora sacaneado nos créditos) como símbolo de suas contínuas batalhas legais com a Def Jam. "Ele com certeza tem muitas histórias sobre não ter sido pago", disse Mike D à *Request*. "Então Johnny virou nosso principal conselheiro." E mesmo quando Diamond tagarelava filosoficamente sobre Johnny — "Ele é só um símbolo de um problema muito maior... que está só piorando nesse país" —, Ad-Rock não resistia e se metia, impassível: "Ele é só um peão no jogo deles."

Ainda assim, as referências a calçados feitos de saco de pão e ao gosto de Johnny Ryall por bebida o tornavam um personagem muito mais real do que o nobre selvagem que habita "Another Day in Paradise". Aliás, essa pode ser a melhor — e é pelo menos a mais honesta — canção sobre um sem-teto gravada na moralista década de 1980.

### "Egg Man"

O fascínio dos Beastie Boys por ovos foi extensamente documentado. "Egg Raid on Mojo", uma faixa do EP de hardcore *Polly Wog Stew*, de 1982, falava de um host chamado Mojo que se recusou a deixar os Beasties entrarem de graça em sua boate, e pagou o preço depois. Enquanto isso, relatos das façanhas do grupo envolvendo ovos no Mondrian se tornaram uma parte importante do mito de *Paul's Boutique*.

O incidente que supostamente inspirou os versos de abertura de "Egg Man" é menos conhecido. "Uns turistas tinham parado o carro na frente da Comedy Store: um homem grande e careca, sua esposa e dois filhos. Assim que ele saiu do carro, foi atingido na cabeça por um ovo que explodiu em cima da família toda", conta Mike Simpson com uma risadinha, apesar do constrangimento óbvio. "E eles voltaram imediatamente pra dentro do carro e foram embora. Foi muito triste, na verdade."[34]

Esse hábito de jogar ovos, segundo Diamond, de fato começou em Nova York, na janela do apartamento do 12º andar de Adam Horovitz, onde o grupo e os Dust Brothers se reuniam ocasionalmente. Depois que os Beasties deixaram o Mondrian, a galinha continuou a botar ovos. "Na verdade, tacar ovos começou a tomar nosso tempo livre", diz Simpson. "Yauch tinha comprado um carro doidão muito estiloso dos anos 1970, um Lincoln Continental, ou um Cadillac. Então a gente dirigia pela cidade naquele carro, que tinha teto solar, e levava umas duas dúzias de ovos." Donovan Leitch, convidado frequente dessas missões, lembra que frequentadores de boates e roqueiros fajutos saindo do Guitar Institute eram os alvos preferidos.

De tais primórdios juvenis acabou surgindo uma das criações mais sofisticadas do álbum. A introdução de baixo e percussão de "Superfly", de Curtis Mayfield, é habilmente combinada com a batida de outra gravação menos conhecida de *blaxploitation*: "Sport", de Lightnin' Rod, ex-membro do The Last Poets. Mas é um pequeno toque que causa um grande impacto. Um fragmento do baixo de "Drop It in the Slot", do Tower of Power, é inserido

---

[34] Embora seja apontado como coconspirador por Diamond, John King nega ter participado dessas façanhas. "Eu tinha vergonha do lance com os ovos", afirma ele. "Não gostava nem jogava nenhum."

no fim de algumas estrofes. Acelerado, ele se combina com as notas da linha de baixo de "Superfly", criando uma linha de baixo completa que sustenta a música. E os versos dos Beasties são igualmente hábeis; o trio faz rimas difíceis de maneira precisa, fazendo uso total das harmonias criadas pela combinação do rugido de Yauch com os gemidos de Horovitz e Diamond.

A cereja do bolo, no entanto, foi o acréscimo tardio de duas das trilhas sonoras mais eletrizantes da história: as notas em staccato da cena de esfaqueamento no chuveiro de *Psicose* — Matt Dike já havia usado esse sample em uma música para outro cliente, mas a faixa nunca foi lançada — e o tema de duas notas tocado em *Tubarão* logo antes do ataque do animal. Combinados para formar uma espécie de ponte, os samples dão à música um senso de humor que talvez faltasse em seu hábito de lançar ovos.

"Egg Man" tem um verso em comum com "Egg Raid on Mojo", e Eric Haze, amigo da banda, é a vítima no lugar de Mojo. O incidente que inspirou a letra ocorreu numa madrugada de 1988 na Melrose Avenue, onde Haze falava ao orelhão com Matt Dike. "Um El Camino cheio de garotos de gangue apareceu, indo na direção oposta", recorda Haze. "Então deu uma meia-volta abrupta e voou na minha direção. Fiquei com um medo do cacete, porque achei que ia levar um tiro. Mas acabaram sendo só ovos." Evidentemente era uma gangue rival de lançadores de ovos.

O revólver de ovos mencionado na música, no entanto, era aparentemente mais do que um simples dispositivo retórico. "A banda chegou a contratar uns designers de brinquedos — talvez da Hasbro? — para desenvolver um revólver de ovos dos Beastie Boys. E acho que houve um ou dois protótipos, que Yauch ainda deve ter", recorda Mike Simpson. Diamond, no entanto, diz que os protótipos chegaram tentadoramente perto de serem produzidos, mas no fim isso acabou não acontecendo. "Imagina se tivesse", reflete ele. "O negócio dos ovos teria estourado. Criadores de galinha seriam tipo magnatas do petróleo hoje em dia."

### "High Plains Drifter"

Depois da densa e ininterrupta colagem das três faixas anteriores, "High Plains Drifter" [Andarilho dos planaltos] se abre sonoramente como a imagem de seu título. O fato de Matt Dike lembrar que a música foi uma das mais rapidamente criadas em *Paul's Boutique* é facilmente crível, dada a simplicidade do arranjo. Há apenas três elementos iniciais, o principal sendo um excerto de "Those Shoes", do Eagles, que em algumas partes aparece com trechos das guitarras com talk-box de Joe Walsh e Don Felder. "Matt e eu achamos aquilo simplesmente hilário, samplear o Eagles", recorda Diamond. "Ninguém pensava que um disco do Eagles teria aquela batida incrível."

Gemidos íntimos tirados de "Put Your Love (In My Tender Care)", da era disco da Fatback Band, enquanto isso, acrescentam um clima misterioso ao serem desacelerados a partir do contexto sexual original, e o ritmo é reforçado pela drum machine Roland 808 de Adam Horovitz — um modelo que, na lembrança de Mike Simpson, "criava sons espetaculares. Cada 808 tem um som diferente, mas aquela era simplesmente ótima".

O ambiente coincide com a narrativa mais direta do álbum. "High Plains Drifter", cujo título é inspirado no faroeste surreal de 1973 de Clint Eastwood, e é uma das menos de meia dúzia de faixas que classificam os Beasties como criminosos. Ainda assim, essas poucas músicas causaram uma impressão permanente em certos críticos, que condenaram a banda por glorificar a violência. O álbum nem mesmo estava nas lojas quando Mike D se queixou para o *Melody Maker* de tais interpretações equivocadas. "Não entendo por que as pessoas acham que essas músicas são sobre nós. A gente só se junta e escreve histórias." A Chris Morris, da *Billboard*, ele expressou sua decepção com o fato de o álbum ter recebido um selo de controle parental, e perguntou por que as "narrativas de personagens" da banda não eram tratadas da mesma maneira que o famoso romance de retalhos de William Burroughs, *Almoço nu*.

A reclamação tem alguma pertinência. "High Plains Drifter" tem muito mais a ver com o vandalismo juvenil que os Beasties haviam supostamente cometido nos escritórios da Def Jam e no telhado do Hotel Mondrian do que com qualquer atividade criminosa séria. O anti-herói é um ladrão de lojas em fuga, derrubando caixas de correio e pagando a mais por um filme pornô no Motel 6; seu crime mais hediondo é assaltar uma loja de conveniência 7-Eleven. Mas esses delitos baratos, e o fato de o bandido acabar numa cela com o querido Otis, de "The Andy Griffith Show", fazem parte da piada que alguns não entenderam. Levando em conta que a inflamada "F*** tha Police", do N.W.A., havia sido lançada um ano antes, é ainda mais difícil imaginar que alguém pudesse ver uma ameaça na bandidagem um tanto banal dos Beasties.

A má conduta da letra contribui, porém, para uma faixa importante do álbum. Na visão de Mike Simpson, essa faixa foi uma descendente óbvia de "Paul Revere", do álbum de estreia, e preencheu um espaço fundamental: "Aquele tipo de história divertida em rimas."

## "The Sounds of Science"

O melhor indicador da diferença entre *Licensed to III* e *Paul's Boutique* talvez esteja na primeira metade dessa faixa. No vídeo infame que acompanha "Fight for Your Right (To Party)", os Beasties empurram nerds de óculos para lá e para cá. Em "The Sounds of Science", em vez disso, eles se tornam — durante alguns versos, ao menos — esses nerds. "No ensino médio nós todos tivemos que usar óculos para a aula de ciências e trabalhar com os bicos de Bunsen, então isso veio naturalmente pra gente", explicaria Mike D. "O N.W.A. pode até falar de 'ciência', mas eles nunca aparecem usando óculos de aula de ciência."[35]

No estilo típico dos Beasties, algo sério se escondia por trás de todo aquele absurdo. Com exceção dos discos de rap inovadores que proliferaram nos anos 1980, o hip-hop nunca fora tão deliberadamente quadrado. No entanto, com sua batida de music-hall e sua letra que cita casualmente Galileu, Sir Isaac Newton e Benjamin Franklin, a primeira metade de "The Sounds of Science" foi um momento revolucionário, à altura do alarde de os Beastie Boys estarem expandindo os limites do gênero. A faixa era uma prova de que havia espaço para nerds — ainda que aqueles poeticamente perspicazes — no hip-hop, e abria as portas para uma torrente de rappers inusitadamente nerds que frequentariam a cena underground uma década depois. A música também derruba por um momento a imagem de gângsteres com a qual os Beasties brincavam desde suas origens, e os revela em sua brancura de classe média — uma coisa um tanto corajosa de se fazer para um

---

[35] No entanto, Adam Yauch volta e meia colocava um par desses óculos, durante entrevistas sobre o álbum.

grupo que esperava manter sua reputação descolada e seu lugar num estilo predominantemente negro.

Não tinha começado assim. Quando os Beasties deram carta branca a Matt Dike e aos Dust Brothers para samplear tudo que quisessem, Dike pegou a bateria de Ringo Starr da reprise de "Sgt. Pepper's Lonely Hearts Club Band" e uniu-a ao riff de guitarra de dois acordes de "The End", tocado por Mike Simpson. Esse par de samples dos Beatles resultou numa base claramente cativante, que Simpson estava certo de que tinha potencial para virar um hit. "Se você não sacava o resto das coisas malucas que a gente fazia", diz ele, "podia sacar essa".

Simpson admite que os Dust Brothers não eram fãs dos Beatles. "Era mais porque eles tinham umas batidas fantásticas nos discos deles", afirma. E uma vez que havia um sample dos Beatles no conjunto, "foi tipo: 'Porra, tem muita coisa ótima pra pegar deles. Por que parar aqui?'", conta ele. Assim, "The Sounds of Science" ganharia uma vida nova e mais estranha. A canção de Paul McCartney "When I'm 64" foi bastante desacelerada por Simpson e King para se tornar a abertura da música; as duas partes eram unidas pela afinação da orquestra que se ouve no início de *Sgt. Pepper's*.[36]

No que diz respeito à letra, "The Sounds of Science" talvez seja a música de maior alcance de *Paul's Boutique*, começando num laboratório antes que Yauch, do nada, se compare ao Cristo

---

[36] Os barulhos de celeiro que se ouvem na faixa foram em geral interpretados como brinquedos que imitam o som de um animal de fazenda quando virado de cabeça para baixo. Não é o caso, segundo Mike Simpson. "Não quero dizer de quem é, mas é basicamente a voz de uma pessoa famosa, que eu alterei de forma que ninguém jamais pudesse adivinhar qual era a fonte original. Mas é mesmo igualzinho a esse brinquedo."

crucificado. Isso viria a se tornar uma prática comum para o MC perseguido por "*haters*" ou pela polícia, que frequentemente atacava a comunidade do hip-hop detendo seus astros por crimes reais. A referência de Yauch, no entanto, indica as repercussões do escrutínio da mídia que os Beasties aturaram durante a época de *Licensed to Ill*. É mais provável que fosse apenas uma tentativa de atiçar as pessoas, um hábito que Yauch e seus companheiros de banda ainda não haviam largado.

Os versos que abrem a segunda parte da música seguem a mesma linha, uma descrição de um encontro sexual tão pueril quanto todas as do primeiro álbum. E Ad-Rock lança mais uma polêmica ao alegar que a polícia estava por trás da epidemia de crack que tomava conta das comunidades urbanas na época. Reforçada em "Car Thief", em que os Beasties se gabam de terem comprado maconha com um policial local, essa teoria estava vindo à tona no hip-hop, de maneira mais proeminente na canção de 1988 do Boogie Down Productions, "Illegal Business".

Mais tarde, "The Sounds of Science" emprestaria seu nome à antologia dos Beasties (que, no entanto, não incluía a faixa-título). Tendo feito parte do set ao vivo da banda durante alguns anos, a música ficou datada desde o segundo Tibetan Freedom Concert, em 1997.

### "3-Minute Rule"

A primeira de duas linhas de baixo de Adam Yauch a integrar o álbum é a base de "3-Minute Rule". Combinado a um loop de bateria tirado de "Feel Good", do Fancy, um grupo de funk rock dos anos 1970 (e não, como às vezes se alega, de "Take the Money and Run", de The Steve Miller Band), o riff de Yauch embala uma série de versos que abrangem quase todas as questões principais de *Paul's Boutique*.

Os rapazes fazem referência a antigos programas de televisão de sucesso, de *Our Gang* a *Dragnet* e *Three's Company*; saúdam sorrateiramente inspirações musicais díspares (John Fogerty e George Clinton); se comparam a um time de beisebol de Nova York (os Yankees); lamentam sua má reputação enquanto também ameaçam fazer tiroteios; e, é claro, fazem paradas no caminho atrás de garotas e maconha. As rimas não chegam a alcançar o nível dos dois escritores mais famosos citados — Jack Kerouac e Bob Dylan —, ambos mais qualificados para lidar com ornamentações líricas mais ousadas, mas oferecem uma eficaz versão resumida do disco em três minutos.

Os dísticos mais intrigantes, no entanto, pertencem a Adam Horovitz. O objeto feminino de sua ira não é identificado, mas as referências a seu agente e cartazes promocionais sugerem que suas rimas sarcásticas podem ter sido direcionadas a uma namorada atriz. Matt Dike concorda, observando: "Eles estavam mesmo enojados com muitas das garotas de Hollywood."

**"Hey Ladies"**

Anos mais tarde, a respeito de "Hey Ladies", Mike diria: "Quanto ao que levou essa música a se tornar o primeiro single... sua opinião vale tanto quanto a minha."

O questionamento é certamente válido, sobretudo devido ao baixo desempenho da música nas paradas. Mas, colocando de lado sua densidade — e, com nada menos do que 16 samples e um número equivalente de referências à cultura pop na letra, trata-se da faixa mais complexa do álbum —, "Hey Ladies" fazia certo sentido do ponto de vista comercial. Uma das razões é seu ritmo cativante; a sequência de guitarra do fim da música instrumental do Commodores, "Machine Gun", fornece uma base simples e sólida para a extensa colagem da faixa. Mas ela também pode ser considerada digna de ter virado um single, se comparada às tendências do momento.

No verão de 1989, o ritmo movido a tercetos que dá vida a "Hey Ladies" era quase inevitável. Liderado por Bobby Brown, o new jack swing se tornou a derivação mais famosa da música urbana; a influência do movimento acid house da Inglaterra começava a atravessar o Atlântico, no estilo híbrido, por intermédio do grupo Soul II Soul; e até o go-go, que já tinha perdido a glória em meados dos anos 1980, fazia uma última tentativa desesperada de maior aclamação, graças ao grande sucesso de 1988 do E.U., "Da Butt".

O go-go também teria um papel em "Hey Ladies", graças ao sample de "Party Time", de Kurtis Blow, que deu título à música. O instrumento característico da faixa, a caneca, veio de "Come Let Me Love You", um sucesso das pistas de dança de 1981, de Jeanette "Lady" Day. A presença de ambos os samples aponta para algo interessante a respeito da estética de *Paul's Boutique*.

Embora o vídeo dirigido por Adam Bernstein, com seu globo espelhado, seus ternos de cafetão e suas referências ao *blaxploitation*, tenha classificado permanentemente "Hey Ladies" como pastiche dos anos 1970, o fato é que esse título pertence mais apropriadamente a "Shake Your Rump", que tira muito de sua inspiração musical das tradições da era disco. "Hey Ladies", no entanto, apresenta mais samples da década de 1980, incluindo trechos dos primeiros sucessos do hip-hop do Afrika Bambaataa e do World's Famous Supreme Team.

A retrospectiva afetiva do álbum termina em torno de 1986, quando o pop ritmicamente sem criatividade e sonicamente estéril do Stock Aitken Waterman e de vários imitadores se tornou o som dominante na música. Mas vários samples do início da década — antes que sons analógicos ricos dessem lugar a substitutos digitais frios — figuram de maneira proeminente em *Paul's Boutique*.

Só o hip-hop, polo de criatividade da música durante o "inverno digital", permaneceu uma fonte válida de samples de depois de 1986 para os Dust Brothers; "You're Gonna Get Yours" e "Bring the Noise", do Public Enemy, sucessos do verão anterior, são citadas em "Egg Man". Isso fazia sentido: num momento em que o hip-hop estava sendo absorvido pelo *mainstream* da música, *Paul's Boutique* representava, como afirma o escritor Angus Batey, uma viagem "de volta às raízes do hip-hop numa tentativa de encontrar a inspiração necessária para fazer avançar o gênero".

A inspiração para "Hey Ladies" não veio no estúdio, e sim durante um dos DJ sets semanais de Matt Dike. Os Beasties iam sempre às boates a fim de buscar ideias para suas mixes dançantes, recorda ele. "Foi assim que muitos daqueles ganchos se desenvolveram", afirma, "e aí a gente anotava no dia seguinte". Certa noite, quando Adam Horovitz ouviu Dike sobrepor "Party Time" e o grito "*Get Funky!*", de "Hey DJ", do Supreme Team, "ele disse: 'Ah, cara, isso ia ficar ótimo!'".

Por algum motivo, a Capitol Records decidiu fazer o marketing de "Hey Ladies" com uma ferramenta promocional única: uma caneca dourada estampada com o título da música. Essa jogada, surpreendentemente, não conseguiu colocar o single em primeiro lugar, mas, em compensação, as canecas se tornaram um item de colecionador requisitado. Outro fato igualmente estranho é que, apesar de "Hey Ladies" ser uma das únicas faixas programadas para apresentações ao vivo em 1989, parece que desde então nunca mais foi apresentada em shows.

### "5-Piece Chicken Dinner"

É uma sugestão de Ad-Rock, segundo Mike Simpson, que abre o Lado B com uma explosão inesperada de *"yeehaws"* e caipirices por parte dos Beasties. "5-Piece Chicken Dinner" é um simples needle drop na versão de Eric Weissberg da peça para banjo "Shuckin' the Corn", que acabou fazendo parte da trilha sonora de *Amargo pesadelo*. O que há de mais notável (e original) a respeito desses 23 segundos é o título, uma das melhores piadas num álbum cheio de boas piadas.

### "Looking Down the Barrel of a Gun"

Como é que os executivos da Capitol, depois de ouvirem as demos de *Paul's Boutique* que circularam, podem ter pensado que iam obter outro *Licensed to Ill*? Essa faixa talvez ofereça uma resposta parcial, ainda que, em última análise, nada convincente. "Looking Down the Barrel of a Gun" é a única música de estilo semelhante ao famoso rap-metal de estreia dos Beasties. É, na verdade, um sósia mais sofisticado, mais animado, de "Rhymin' and Stealin'", do primeiro álbum.

O estrondoso sample de bateria é cortesia da Incredible Bongo Band, um grupo de jazz-funk liderado pelo executivo da MGM Records Michael Viner. O grupo era um favorito dos fãs de breakbeat, graças a uma versão de 1973 de "Apache" que se tornou um alicerce fundamental do hip-hop. Mas havia muito mais material digno de samplear nos dois álbuns da Incredible Bongo Band, inclusive "Last Bongo in Belgium". Mike Simpson recorda que esse beat estava guardado no sampler dos Dust Brothers havia algum tempo, bem antes de eles conhecerem os Beasties, esperando pela oportunidade certa de ser usado.

Essa oportunidade chegou um dia enquanto Dike experimentava arranhar o relógio de carrilhão de "Time", do Pink Floyd, por cima do loop de bateria de "Last Bongo". "Yauch disse: 'Ei, eu tenho uma linha de baixo'", conta Dike, "e foi assim que começou". A música apresenta dois segmentos de bateria — um deles com phaser, o outro sem — que são desacelerados para acrescentar um peso *à la* John Bonham. O resultado, quando combinado ao riff de guitarra metálico de Horovitz e ao baixo altamente tratado de Yauch, adequadamente evoca Led Zeppelin.

Trata-se também da música mais citada por críticos para demonstrar que os Beasties eram perigosamente antissociais, devido a duas referências a *Laranja mecânica* e à menção a David Berkowitz, também conhecido como o homicida Filho de Sam. Mas há também uma menção mais pessoal e, em última análise, mais pungente, a respeito do melhor amigo de Horovitz, Dave Scilken, que fez uma participação especial no clipe da música, mas morreu de overdose em 1991.

Se os executivos da Capitol chegaram em algum momento a imaginar que essa música poderia recapturar algo do esplendor platinado de *Licensed to Ill*, essa ideia não parece ter durado muito. Em 1991, Catherine Lincoln, uma fã dos Beasties, tinha se tornado gerente de produto da gravadora, e tentou criar interesse em lançar "Looking Down the Barrel of a Gun" como single. "Mas ninguém queria lidar com um álbum que já tinha mais de dois anos", disse ela ao site Beastiemania.com. Um clipe promocional abstrato de baixo orçamento para a música já existia, embora, como observou o diretor Adam Yauch mais tarde, fosse "mais um dos vídeos feitos sem o interesse ou o incentivo da Capitol".

Apesar de nunca ter sido lançado em formato de single, a música chegou a ter uma breve segunda vida numa versão cover realizada pelo Anthrax para a coletânea de 1993, *The Beavis and Butt-Head Experience*. De maneira algo irônica, já que se trata da música de *Paul's Boutique* com mais instrumentação ao vivo, "Looking Down the Barrel of a Gun" só apareceu brevemente no repertório de shows dos Beasties, e não é tocada ao vivo há mais de uma década.

### "Car Thief"

"Car Thief" não poderia passar por uma faixa extra de *Licensed to Ill*, mas pode fornecer outra pista sobre por que a Capitol estava tão enganada em suas expectativas a respeito de *Paul's Boutique*.

Musicalmente, a faixa mudaria pouco a partir de sua criação. Escrita depois que os Dust Brothers compraram seu primeiro sampler, "Car Thief" usa livremente o corte de 1975 de "Rien Ne Va Plus", composição de destaque da Funk Factory, uma banda polono-americana de fusion. Os samples da música foram acelerados e uma sequência de guitarra de "I Bet You", uma piração de 1970 do Funkadelic, foi inserida nas pontes, formando um trabalho simples mas eficaz, apesar da programação de bateria um tanto rígida. (Os sons ondulantes de sintetizador, por sua vez, são cortesia de uma antiga placa de som de computador que o pai de John King levou para casa do seu trabalho na IBM [International Business Machines].)

Mas a letra foi significativamente alterada entre a fase experimental e o produto final, e uma gravação pirata antiga mostra que "Car Thief" era bem mais vil na sua versão original. Com referências à descoberta de chaves de carro num orifício um tanto improvável, a banhos dourados e à afirmação de Ad-Rock: "I be jerkin' off with my head in a noose" [Eu estou batendo punheta com uma corda no pescoço], a faixa era mais deliberadamente ofensiva do que qualquer coisa no álbum de estreia da banda. Se essa foi realmente a versão apresentada aos executivos da Capitol e da MCA, deve ter dado a impressão de que os Beasties estavam querendo superar as extravagâncias de *Licensed to Ill*, e não escapar delas.[37]

No entanto, o "Car Thief" [Ladrão de carro] do título é apenas um MC que rouba rimas de outro, e não uma prova da delinquência dos Beasties. E as cenas de abuso de drogas e de violência que ficaram na versão final são menos interessantes que os toques mais sutis semeados ao longo da faixa, como a referência à paixão de David Bowie por cocaína nos anos 1970.

Mais notável ainda é o verso sobre o "money-hungry miser" [pão-duro com fome de dinheiro] com o qual a banda "teve de lidar" (socar na cara, na versão demo). Essa suposta menção a Russell Simmons, entretanto, era apenas uma pequena parte de uma longa e complexa relação de amor e ódio frequentemente ilustrada em público.

Quando a batalha judicial da banda com a Def Jam começou, os Beasties às vezes saíam correndo quando viam Simmons se aproximar. E até 1994, com "B-Boy Makin' With the Freak Freak", o grupo ainda fazia referências pouco elogiosas

---

[37] A primeiríssima letra da música tinha sido escrita por um rapper chamado Stevie J, que compusera uma rima intitulada "I'm in Demand".

a Simmons nas músicas — nesse caso de maneira um tanto direta, acusando-o de roubo.

Ainda assim, Mike Simpson viu-se surpreso com a falta de animosidade demonstrada pelos Beasties com relação a seu antigo chefe. "Sempre que eles falavam de Russell ou Rick [Rubin], havia um certo carinho. Apesar dos problemas que podiam estar tendo com eles, pareciam gostar de verdade dos caras, e estavam só meio chateados que as coisas não tivessem dado certo." Havia uma razão para isso, segundo Sean Carasov: durante a separação, Simmons tinha feito o papel do policial bom, enquanto Lyor Cohen tinha feito o papel do mau. Independentemente das rixas, Simmons concordou, certa vez, em dar uma entrevista à revista dos Beasties, a *Grand Royal*, e dedicou, com palavras em geral positivas, uma seção de sua autobiografia de 2001 à banda. Em muitas ocasiões, Simmons também reconheceu seus erros na maneira como lidou com os Beasties.

A relação do grupo com Lyor Cohen, no entanto, é outro assunto. Segundo Carasov, "Lyor sempre gostou do papel de vilão".

### "What Comes Around"

Se há alguma moral em *Paul's Boutique*, como alguns críticos gostariam de acreditar, então "What Comes Around" é uma escolha tão boa quanto qualquer outra para receber essa honra. Como convém ao estilo cortar e colar das letras dos Beasties ao longo do álbum, a música não é uma análise coerente de um mal da sociedade, mas carrega o dístico mais cortante do disco — uma referência à briga de skinheads em 1988 no programa de entrevistas de Geraldo Rivera na televisão — e alguns versos incisivos que parecem aludir à violência doméstica.

No entanto, a música também possui um lado muito mais leve. Ela se encerra com o que a *Rolling Stone* chamou de "uma versão selvagem dos Beasties de sons improvisados de jazz", um tributo a uma das amigas de Los Angeles da banda, Pam Turbov, a "Funky Pam" que aparece no final da faixa. "Eu entrei no estúdio um dia e eles começaram a improvisar e dizer 'Funky Pam', e isso acabou entrando no disco", recorda Turbov. "Foi bem maneiro."

Segundo Mike Simpson, esses improvisos refletem a maneira como o álbum foi criado. "Fazendo os vocais, nada era realmente planejado", conta ele. "Os rapazes nunca chegavam e diziam: 'Bom, temos uma música escrita. Vamos gravar!' Era sempre um processo, e todos chegavam com suas próprias letras. E aí trocavam. Às vezes todos faziam a letra inteira juntos, e às vezes a gente soltava faixa por faixa, uma de cada vez."

"Então, se parece que foi tudo feito ali, no estúdio", acrescenta Simpson com uma risada, "é porque foi mesmo".

A base é uma das mais simples de *Paul's Boutique*. Baixo, bateria e guitarra, assim como a alegre sequência de piano que encerra cada estrofe, foram todos tirados por Matt Dike de "Put on Train", uma gravação de soul jazz de 1971 do falecido pianista Gene Harris e seu grupo, The Three Sounds. Para complementar esse sample há a sequência de abertura de guitarra de "It's Hot Tonight", de Alice Cooper, que por acaso está convenientemente no mesmo tom. Um refrão de bateria de "Moby Dick", do velho favorito dos Beasties, o Led Zeppelin, abre a música e é o outro elemento fundamental.

### "Shadrach"

A faixa mais importante de *Paul's Boutique* só se revela na metade do Lado B. Embora exiba sua cota de samples, "Shadrach" é na verdade uma das montagens menos complexas do disco, e tem como base partes longas de "Loose Booty", single de 1974 do Sly and the Family Stone, de onde também saiu o grito de "Shadrach, Meshach, Abednego" que inspirou o título. A colagem vertiginosa se dá através dos versos, repletos de mais alusões por segundo do que qualquer outra música ali. De Harry S. Truman a Alfred E. Neuman, essa é sem dúvida a música que Emily Mitchell, da revista *Time*, tinha em mente quando sugeriu que o álbum citava "nomes quase o bastante para rivalizar com os diários de Andy Warhol".

No entanto, apesar de todos esses resquícios de cultura pop, "Shadrach" tem a vantagem de possuir uma mensagem subjacente direta. Apesar de todas as representações anteriores dos Beastie Boys como os Três Cavaleiros do Apocalipse, essa era sua verdadeira declaração de independência.

Cey Adams, um velho amigo dos Beasties, chama a fase *Paul's Boutique* de "o período mais selvagem de suas carreiras". Isso, segundo ele, não se deve apenas às façanhas dos Beasties, mas ao fato de o período ter representado a primeira experiência de liberdade verdadeira da banda. "Eles tinham que dar satisfações a Russell [Simmons], que era o agente deles, e a Rick [Rubin] na gravadora", e, como representantes da Def Jam, diz, "tinham que dar satisfações à comunidade do hip-hop como um todo". Por fim só — e realmente de saco cheio com a maneira como haviam sido tratados —, o trio usou sua euforia e raiva para criar um hino de empoderamento. "They tell us what to do? Hell no!/ Shadrach, Meshach, Abednego" não é exatamente "Anarchy in the UK", mas é o que há de mais punk rock no catálogo dos Beastie Boys.[38]

---

[38] O que torna sua adoção como composição neoclássica ainda mais singular. "Shadrach" apareceu na lista do New England Conservatory em

Relembrada por Adam Horovitz como uma das últimas faixas a serem gravadas, "Shadrach" funde as buzinas e a linha de baixo de "Loose Booty" com a urgente sequência de bateria da abertura de "Hot and Nasty", do Black Oak Arkansas, uma banda sulista de raunch'n'roll — uma das colisões entre gêneros que Matt Dike "simplesmente adorava". Entretanto, foram os nomes citados em "Loose Booty" que fascinaram Adam Yauch, que na época passava muito tempo "tomando ácido e lendo a Bíblia", segundo sua namorada, Lisa Ann Cabasa. "Acho que Yauch fez muitas descobertas durante a criação de *Paul's Boutique*", sugere Mike Simpson.[39]

O que Yauch descobriu, nesse caso, foi a história de Shadrach, Meshach e Abednego [Sadraque, Mesaque e Abede-Nego], que aparecem no terceiro livro de Daniel. Os três jovens judeus que vigiavam a província da Babilônia ignoraram um decreto do rei Nabucodonosor ordenando que seus súditos se curvassem e reverenciassem sua imagem dourada "ao som da corneta, da flauta, da cítara, da lira, da harpa, da gaita e de todos os tipos de música". A punição para qualquer espécie de recusa era ser lançado numa fornalha ardente, mas, depois que o rei ordenou a incineração do trio, ficou surpreso ao ver quatro homens caminhando ilesos nas chamas. A quarta figura, concluiu Nabucodonosor, era um anjo, e depois que o trio emergiu da fornalha, o rei humilhado ordenou que seus súditos servissem ao Deus judeu, "pois nenhum outro deus pode salvar dessa maneira".

---

1995 durante um programa de música judaica, "executada de maneira convincente" por estudantes do conservatório e David Shea, um DJ de Nova York, segundo uma crítica do *New York Times*.

[39] Ele também encontrou a antiga arte de capa para a versão em EP da música, intitulada *An Exciting Evening at Home with Shadrach, Meshach and Abednego*.

O paralelo com a recusa dos Beasties em se curvar diante de Russell Simmons e da Def Jam não era bem exato. Horovitz, Diamond e Yauch, como afirma a música, podem ter visto a si mesmos como Robin Hoods, e podem até ter citado "Amazing Grace" e repetido a beatitude gospel de que os humildes serão os herdeiros da Terra. Mas eles muito provavelmente não estavam se incluindo nesse cenário. Como a letra deixa claro, estavam interessados sobretudo em fumar maconha, criar sua própria religião e em não servir ninguém a não ser eles próprios. Ainda assim, o conto por trás de "Shadrach" era simplesmente bom demais para ser deixado de lado, e os Beasties evocariam seus correspondentes bíblicos ao discutir a música. "O que aconteceu foi que eles não foram pagos por sua antiga gravadora, então foram para a Capitol", disse Yauch ao *Melody Maker*. "A história acaba bem."

A escolha de "Shadrach" como segundo single do álbum não deu tão certo. A música naufragou sem deixar rastros, exceto por uma apresentação em janeiro de 1990 no programa *Soul Train* e por um videoclipe impressionante. A base do clipe é uma gravação em preto e branco dos Beastie Boys e do DJ Hurricane apresentando a música no Country Club em Reseda, em algum momento de setembro após o lançamento do álbum. No entanto, a rotoscopia — técnica de animação que permite que cineastas transformem uma ação ao vivo em sequências de animação desenhando por cima da filmagem original, quadro por quadro — foi usada para transformar as imagens da apresentação em algo especial. A rotoscopia data de 1915 e foi usada com grande efeito setenta anos mais tarde no clipe de "Take on Me", do A-ha. Uma equipe de uns vinte pintores coloriu a mão os traçados dos Beastie Boys, e o resultado foi uma explosão de cor e movimento que parecia uma pintura viva de LeRoy Neiman.

"Ela... simboliza o lugar onde nós três estamos agora e aonde vamos amanhã", disse Mike D a respeito de "Shadrach", em 1989. Dada a independência criativa que a música celebra — e que conquistaria um maior sucesso comercial para a banda em seu álbum seguinte, *Check Your Head* —, ele provavelmente tinha mais razão do que imaginava.

**"Ask for Janice"**

Mais uma faixa aparentemente irrelevante, mas com uma história mais ampla por trás, esse é o comercial de rádio que deu nome a *Paul's Boutique*. Foi um acréscimo de último minuto ao álbum, que se esgueirou durante o sequenciamento, segundo Mario Caldato, que foi listado de brincadeira como produtor da música.

O comercial continha o número de telefone da Paul's Boutique, o que garantiu um bom número de ligações por parte de fãs curiosos. Uma dessas ligações supostamente foi feita por um homem de Cincinnati chamado Allen Silvey, que alega ter deixado vários recados. Silvey diz que mais tarde foi contatado pela banda, que queria permissão para usar um dos recados, que, segundo ele, se tornou a introdução de "The Maestro" em *Check Your Head*.

Os Beasties certamente estavam abertos a acrescentar trotes ao seu arsenal. Fizeram Mike Simpson de vítima no vídeo original de "Shake Your Rump", passando o número de telefone da sua casa abaixo da foto dele no clipe. Simpson recorda que, antes de substituírem o número por seu signo — libra —, chegou a receber milhares de ligações: "Então comecei a dizer: 'Aqui é do fã-clube de EZ Mike.' E as pessoas falavam, tipo: 'Que legal! Como faço pra me inscrever?'"

"Cheguei a fazer com que várias pessoas me mandassem dez dólares", diz Simpson, ainda incrédulo, acrescentando: "É claro que mandei o dinheiro de volta."

**"B-Boy Bouillabaisse"**

Apesar de toda a inovação que a precede em *Paul's Boutique*, "B-Boy Bouillabaisse" foi o que marcou os Beastie Boys como "artistas sérios". Era um gesto que quase garantia a aceitação de críticos que ainda lutavam para dar sentido ao hip-hop e ao sampling, mas quem diria que eles poderiam reconhecer a antiquada ambição de um Paul McCartney ou um Pete Townshend quando a ouviram? Uma suíte de nove peças não relacionadas, a música atrai alguns paralelos com os Beatles: a composição lembra a miscelânea que predomina no Lado B de *Abbey Road*, e a decisão de encerrar o álbum com uma reprise de "To All the Girls" parece uma referência óbvia à estrutura de *Sgt. Pepper's*.

Entretanto, segundo Michael Diamond, não é. "A gente nunca pensou, ao fazer o medley, que tudo sobre o que falariam pelos próximos vinte anos seriam os Beatles", lamenta ele em tom brincalhão. Mas será que "B-Boy Bouillabaisse" tinha uma intenção artística, ou era apenas um jeito de coletar alguns dos diversos experimentos que tinham ficado até então sem uso? Na lembrança da maioria dos participantes, foi um pouco dos dois.

A força motora por trás da música, segundo Mike Simpson, foi Adam Yauch. "Tinha umas frases mais curtas, como 'Mike on the Mic'. E lembro que Yauch tinha uma ideia, bem antes de o álbum ser sequenciado, de juntá-las num medley", conta Simpson. "Não sei se ele chegou a articular isso abertamente... eu só entendi de verdade quando ouvi."

Simpson, no entanto, sempre acreditou que *Paul's Boutique* devia ser considerado um longo medley, e que o foco que esse segmento de doze minutos e meio recebe é muito alvoroço por nada. "Se não se chamasse 'B-Boy Bouillabaisse'", argumenta ele, "você não saberia que essa parte do disco é diferente". David Handelman, da *Rolling Stone*, entendeu essa ideia, chamando o disco inteiro de "uma ópera de rap, por assim dizer", o que faz dessa faixa um encerramento adequado — "o álbum em microcosmo", como observado pelo autor Angus Batey.

Se as peças da suíte não possuem uma coerência musical evidente, elas parecem, no entanto, interligadas pelo tema recorrente de Nova York. Há referências explícitas (o Bronx, o Brooklyn e o Queens); vínculos associativos (diversos samples de hip-hop dos primórdios); e curiosidades antiquadas (Harthorne Wingo, o popular ex-jogador dos Knicks do início dos anos 1970). Seria exagerado considerar todo o conjunto apenas uma declaração de amor a Nova York, mas a impressão que a música deixa certamente tem mais a ver com as raízes da Costa Leste dos Beasties do que com seu futuro na Costa Oeste.

### a) "59 Chrystie Street"

Criada sobre um sample de tambores de Burundi tirados de "The Jungle Line", de Joni Mitchell, "59 Chrystie Street" insinua um encontro com uma tiete e faz uma homenagem especial ao endereço do antigo loft dos Beasties em Chinatown. Alugado no início dos anos 1980, ele permitiu que o grupo iniciante praticasse até altas horas da madrugada, pois era convenientemente localizado acima de uma fábrica ilegal e de um bordel. Durante a participação especial dos Beasties em 1989 com Fab 5 Freddy no "Yo! MTV Raps", eles voltaram a Chinatown para revisitar sua velha habitação. Encontraram o prédio, mas tiveram dificuldade em localizar a porta.

b) "Get on the Mic"
Com as rimas de Ad-Rock e Yauch sobre um refrão do single de 1983 "Live at the Disco Fever", do rapper das antigas Lovebug Starski — o subestimado Starski já havia sido DJ de um lugar badalado do início do hip-hop no South Bronx, depois de Grandmaster Flash —, "Get on the Mic" talvez seja mais digna de nota pela contribuição de outro Mike.[40] Mike Simpson afirma ter sugerido que Yauch rimasse "selfish" [egoísta] com "shellfish" [marisco], certamente a primeira aparição deste último termo no hip-hop.

c) "Stop That Train"
Geralmente esquecido por causa de sua posição no medley, esse é um retrato completo e impressionante de uma viagem de metrô tarde da noite, ou cedo de manhã. A rota nebulosa é esboçada com detalhes surpreendentes: pulos de catraca, prostitutas com calças de elastano e a estranha justaposição de penetras de festas e trabalhadores sérios, com seus jornais da manhã, seus sapatos sociais e café. Só uma referência eventual a levar um tiro do justiceiro do metrô Bernhard Goetz parece deslocada em meio ao realismo vívido.

No ano seguinte, furtando algo já furtado, Vanilla Ice usaria o mesmo fragmento de "Draw Your Brakes" — contribuição de Scotty, um cantor de reggae, à trilha sonora de 1972 de *The Harder They Come*, de Jimmy Cliff — em uma música com o mesmo título da composição de *Paul's Boutique*.

---

[40] O autor faz um trocadilho com "Mic" (abreviação para "microfone") e "Mike", que têm a mesma pronúncia em inglês. [N.E.]

d) "A Year and a Day"

Antes de *Paul's Boutique*, Adam Yauch era tido como o brincalhão dos Beastie Boys disposto a levar a piada o mais longe possível. Ou, como recorda Sean Carasov: "Ele era o mais babaca dos três. Era ele que Russell [Simmons] mandava mijar no camarão do Beefsteak Charlies. Se você quisesse que alguém empurasse um carrinho de serviço de quarto escada abaixo por seis andares no Hotel Daytona, Yauch era o cara. Era o que mais bebia, também — os outros dois eram da maconha."

Controversamente, nenhum outro membro do grupo pareceu mais afetado pelas consequências de *Licensed to Ill*. "'Fight for Your Right' se tornou o pior pesadelo de Yauch", diz Carasov. "Então ele foi pro outro extremo e virou monge." Yauch afirmaria, anos mais tarde, que "A Year and a Day", essa performance solo com suas referências a sonhos, destino e profecia, marcou os primeiros indícios de uma vida espiritual que se desenvolveria a ponto de ele criar uma amizade com o dalai-lama e uma dedicação fervorosa à causa da liberdade tibetana.

Divulgar abertamente tais anseios obviamente atraía escárnio, e Yauch ainda não estava pronto para arriscar isso. Ele declararia para a revista budista *Shambhala Sun*, em 1995: "A letra dessa música não está impressa, e eu estou usando um microfone com distorção de verdade, então não fica muito claro." Mas a melhor maneira de contrabalancear a aposta foi enterrar a faixa no meio de "B-Boy Bouillabaisse". Com uma ótima melodia e um riff de guitarra com fuzz plagiado de "That Lady (Pts. I & II)", do The Isley Brothers, a música soava evidentemente como um single.

Esse potencial nunca se realizou deliberadamente, mas uma anedota de Mike Simpson deixa claro quanto, ainda assim, a música era importante para Yauch. Simpson acreditava no atrativo comercial da faixa e foi particularmente cuidadoso na hora de sobrepor seus elementos, que incluíam um loop de bateria de "Ebony Jam", do Tower of Power, e uma citação do sucesso do rap de 1980 "High Power", na interpretação de Disco Dave and the Force of the Five MCs (também conhecido como Cash Crew). "Eu tinha feito um monte de scratchs nela. Alguns eram bons e outros ruins, muito fora do ritmo", diz Simpson. "E quando ficou pronto, Yauch disse: 'É, tá muito legal, mas tem umas coisas que eu quero tentar. Então quero que vocês saiam.' E eu respondi: 'Ok, chama a gente quando acabar.'

"Ele telefonou umas oito horas depois e disse: 'Ok, quero que você venha pra ouvir.' Ele tinha feito uma mix em que basicamente abria todas as faixas, e até o scratching ruim estava tocando, e as coisas entravam e saíam onde não deviam. Ele falou: 'Sei que você vai odiar isso, mas eu gosto muito.' E eu retruquei: 'Bom, tudo bem, vamos gravar uma mix, e a gente pode pegar a outra versão na qual eu estava trabalhando.' De repente Yauch ficou muito puto e falou: 'Não! Eu já tomei a decisão. Olha, cara, esse é o *meu* álbum.' E eu: 'Não há dúvida sobre nada disso, eu só queria ter uma cópia.' Mas ele estava furioso, e eu recuei."

"Foi uma boa lição pra mim enquanto produtor", acrescenta Simpson com uma risada sentida. "Você não é o artista."

### e) "Hello Brooklyn"
Iniciada originalmente no apartamento do Brooklyn de Adam Yauch (também conhecido como The Opium Den [O antro do ópio]) em 1987, a faixa mais antiga de *Paul's Boutique* é levada pelo sonoro bumbo da Roland 808 de Adam Horovitz. Apesar de parafrasear "New York, New York" e da imagem surpreendente de um eremita de cabelos longos construindo explosivos

no sótão de casa (não fica claro se eles vão ser usados pelas ou contra as "autoridades públicas" mencionadas), a música é essencialmente uma preparação para um desfecho inspirado: a famosa citação de Johnny Cash sobre atirar em um homem em Reno, tirada diretamente de "Folsom Prison Blues" e transportada para o Brooklyn.

O sample foi ideia dos Beasties, lembra Mike Simpson. O fragmento refuta quase que completamente as músicas sobre assaltos que a precedem e ressalta a verdadeira estética do álbum. Cash, o "Homem de Preto", é citado menos como "Original Gangster" do que como símbolo mal-lembrado de outra geração, num fragmento de música que pode ter sido ouvido pelos Beasties adolescentes no comercial de alguma coletânea dos maiores sucessos de Johnny Cash. É pura nostalgia, não ameaça e — como observa o autor Angus Batey — antecede a ressurreição icônica de Cash nos anos 1990, liderada por ninguém menos que Rick Rubin.

f) "Dropping Names"
Três fragmentos em um: um trava-língua de abertura, de domínio público — "He thrusts his fist against the post and still insists he sees a ghost" —, é seguido no segundo verso por um ritmo tirado de "Hey Pocky A-Way", do The Meters, e então por um curto segmento de "The Well's Gone Dry", do The Crusaders, conectados pela introdução de baixo (gradualmente dessintonizada) desta última música. Uma fala de Bob Marley a respeito dos problemas de comunicação com músicos, tirada do documentário *Legend*, encerra a faixa.

Os Beasties contribuem com um dos seus melhores versos, sobre a chatice de se tentar viver a vida num mundo em que tudo é visto em preto e branco. Mas o foco principal da letra de

"Dropping Names" sempre foi a introdução, em que uma escuta atenta revela Ad-Rock aparentemente defendendo o uso de PCP [fenilciclidina].

### g) "Lay It on Me"

Grandes trechos de "Let the Music Take Your Mind", do Kool & the Gang, são aproveitados nessa parte do medley. Quanto à letra, a comparação do "sabor" da banda ao chiclete Fruit Stripe — chiclete multicolorido típico dos anos 1970 — é uma das referências mais inspiradas dos Beasties à cultura pop, embora a menção de Mike D a Cézanne seja uma referência digna de nota às suas raízes como filho de um marchand.

### h) "Mike on the Mic"

A resposta de Mike D a "Get on the Mic" é lançada sobre a mesma batida de Lovebug Starski, e desvia de preocupações sérias sobre sua má reputação para proferir coisas sem sentido a respeito de ser rebatizado "Spinach D", por comer a verdura preferida de Popeye. O absurdo vence na citação final, encomendada pela banda ao meteorologista brincalhão Lloyd Lindsay Young. Young foi membro da WWOR-TV de Nova York durante cerca de 12 anos, e foi lá que os Beasties o descobriram, usando objetos não tradicionais, como frangos de plástico, para apontar durante a previsão do tempo.

### i) "A.W.O.L."

Um brado ao vivo no estúdio para vários amigos e conhecidos dos Beasties, reunidos por Donovan Leitch. "Não lembro de todo mundo que estava lá", diz Matt Dike. "Àquela altura, eu estava seriamente perdendo o interesse." Os Beasties haviam notado. "Com certeza, Matt se irritava com a gente", conta Diamond.

"Sei que às vezes ele pensava: 'Só pode ser brincadeira... mais uma noite desperdiçada.'"

"A.W.O.L." rapidamente dá lugar ao riff de piano elétrico de "Loran's Dance", e então estamos de volta ao começo, acordando no Kansas nos perguntando se foi tudo um sonho em tecnicólor. Não foi — e dali a pouco *Paul's Boutique* deixaria de ser o pesadelo dos Beasties.

**Remixes e extras de Paul's Boutique**

**"33% God"**

Pouco depois de *Paul's Boutique* ter sido finalizado, os Dust Brothers e os Beastie Boys se reuniram na sede do Record Plant em Nova York para criar alguns remixes e encher o Lado B. Mais uma vez, a Capitol concordou com uma proposta intrigante porém comercialmente duvidosa. "A gravadora provavelmente queria que a gente usasse qualquer um que estivesse na moda no momento, tipo Prince Paul, talvez, nos remixes. Mas a gente estava tão dentro do nosso mundo que dissemos: 'Não, vamos fazer nós mesmos'", conta Diamond, acrescentando com algum eufemismo: "Acho que o que a gravadora esperava não foi alcançado."

O que as sessões fizeram, em compensação, foi dar um fim a todos os samples que ainda não tinham sido usados no álbum. Dentre os Beasties, Adam Horovitz era o que tinha aparentemente a lista mais longa de samples sobrando, que incluíam tudo, dos singles de dancehall, que ele adorava, até uma fala do esquete do Monty Python, "Spanish Inquisition". Ao todo, três músicas — "Hey Ladies", "Shake Your Rump" e "Shadrach"

— foram retrabalhadas, sobretudo instrumentalmente, e renomeadas, enquanto uma quarta, "Stop That Train", foi tratada com inspiração no dub e recebeu também um novo título.

De resto, os detalhes são nebulosos. É possível que "33% God", uma versão de "Shake Your Rump" que John King afirma que "era mais próxima da faixa original dos Dust Brothers", talvez tenha sido gravada em Los Angeles, no Westlake Audio. O título inusitado vem de uma experiência que os Dust Brothers tiveram no estúdio, quando o superprodutor Quincy Jones apareceu por lá um dia. "A gente perguntou como ele fazia todos aqueles álbuns ótimos", relembra Mike Simpson, "e ele respondeu que era 33% talento, 33% sorte... e 33% Deus".

### "Dis Yourself in '89 (Just Do It)"

O remix instrumental de "Hey Ladies" merece ser ouvido por oferecer vislumbres de como as diversas partes da música se encaixam. Mas ele também contribui para os inspirados mashups do original, com um loop de bateria que é uma combinação engenhosa da divertida mistura jamaicana de "Boogie on Reggae Woman", de Stevie Wonder, e a introdução percussiva de "Keep Your Eye on the Sparrow", o tema de estilo disco de Sammy Davis Jr. para a série policial *Baretta*.

Junto com "Shake Your Rump" e sua instrumental "33% God", essa faixa foi incluída no compacto de "Hey Ladies". Intitulado *Love, American Style*, o EP de quatro músicas também exibia uma impressionante foto de capa, mostrando a cozinha pintada de vermelho, branco e azul do apartamento de Adam Horovitz em Los Angeles.

### "Caught in the Middle of a 3-Way Mix"

Essa versão retrabalhada de "Stop That Train" tenta realçar a influência do reggae dub apontada em seu sample inicial, tirado da trilha sonora de *The Harder They Come*. Infelizmente, a mix reflete seu título de maneira exata demais, com as vozes ecoadas de Ad-Rock, Yauch e Mike D ricocheteando desritmadas na levada repleta de sopros. Os resultados foram incluídos no compacto de "Shadrach". Os Beasties abordariam o dub com mais sucesso quase uma década depois, quando se juntaram ao visionário produtor Lee "Scratch" Perry para o tributo "Dr. Lee, PhD", do álbum *Hello Nasty*.

### "And What You Give Is What You Get"

A versão instrumental de "Shadrach" exibe um rol de novos samples, incluindo o riff do hino hardcore "Rise Above", do Black Flag, frases de efeito de vários discos de dancehall e uma interjeição do comediante George Carlin. Embora só apareça no finalzinho da mix, o fragmento de "Start!", do The Jam, que dá título à faixa, é o momento mais intrigante.

 É provável que Adam Horovitz tenha escolhido o sample. Alguns meses depois, ele comentou com James Brown, da *NME*: "Paul Weller é irado, cara. O que aconteceu com ele?" A resposta era que cada vez menos pessoas consideravam o antigo ícone do *mod* "irado" no verão de 1989. Sua banda emotiva pós-The Jam, The Style Council, estava nas últimas depois que a Polydor rejeitou o álbum de inspiração house de Weller, *Promised Land*. Na mesma semana em que publicou a segunda parte da entrevista dos Beastie Boys mencionada anteriormente, a *NME* também publicou uma crítica sobre a performance infame do Council no Albert Hall durante sua turnê de despedida, avaliando que a banda chocara até mesmo seus fãs com shorts de ciclismo fosforescentes e ritmos de garage. O crítico Stephen Dalton fez uma bela repreensão ao show, criticando Weller por não tocar quase nenhum sucesso antigo e alegando: "Ninguém no mundo poderia ser mais branco e conservador."

Ainda assim, enquanto o ano de 1989 marcava um momento comercialmente ruim para Weller e os Beastie Boys, ambos renasceriam em 1992 com gravações que refletiam uma imersão no funk *vintage*: Weller em seu primeiro álbum solo e os Beasties com *Check Your Head*. Anos mais tarde, os Beasties reconheceriam sua dívida com o pai do *mod* ao transformar "Start!" — com a vocalista convidada Miho Hatori, do Cibo Matto — em uma mistura de soul e jazz embalada por um órgão, a 1 milhão de quilômetros de distância do Style Council. Essa versão se tornou parte do álbum de tributo ao The Jam, *Fire and Skill*.

Weller, cujas bandas sempre tinham dificuldade em conquistar aceitação comercial nos Estados Unidos, achava a atenção dos Beasties "muito legal". "Eu nem sabia que eles conheciam o The Jam", afirma ele. "Isso meio que mostra a minha ignorância a respeito da América do Norte e o que a gente significava pro pessoal de lá."

### "Some Dumb Cop Gave Me 2 Tickets Already"

Um dos momentos mais adoravelmente malucos da discografia dos Beasties, essa cantada de Mike D também prova a sua importância no grupo. Seu antigo colega de apartamento, Sean

Carasov, se lembra de uma época em que o status de Mike D na banda era incerto. Mas diante do ar descolado mais convencional de Adam Horovitz e Adam Yauch, a disposição de Mike D para fazer papel de palhaço se mostrou fundamental para o sucesso dos Beastie Boys. Suas entrevistas no estilo fluxo de consciência ajudaram a desfazer a imagem inicial da banda, e pode-se até alegar que dentro do grupo seu senso de humor mais puro se tornou predominante.

Se "Some Dumb Cop" tivesse sido mais escutada, é bem possível que tivesse sido criticada como o tipo de hip-hop misógino pelo qual os Beasties continuavam famosos. Em sua crítica a *Paul's Boutique* e ao último lançamento de LL Cool J, *Walking with a Panther*, J.D. Considine focou no "notório sexismo" de ambos os álbuns, com a preocupação de que pudessem "desfazer muito do que o bom rap fez pela cultura afro-americana contemporânea".

Versos como "Just leechin' off my bitch, that's what it's about" [Só tirar proveito da minha puta, é isso que interessa] talvez pudessem corroborar esse argumento, se não fossem entoados numa voz comicamente desacelerada pela manipulação da fita, por cima da velha "Soulful Strut", do Young-Holt Unlimited. A incongruidade entre a letra e a base alegre e descontraída no estilo rádio de soul só aumenta, enquanto Mike D pede desculpas por uma escapadela com a mãe da sua namorada: "You know, I'm real sorry you had to walk in like that and see/ Hey, shit happens, you know" [Sabe, sinto muito mesmo que você tenha entrado e visto aquilo/ Ei, essas merdas acontecem, sabe]. É o melhor disco de Biz Markie que o próprio Biz nunca gravou.

## "Your Sister's Def"

Embora esteja no compacto de "Shadrach" e seja tratada como uma faixa extra de *Paul's Boutique*, "Your Sister's Def" não tem nenhuma ligação real com o álbum. É na verdade uma versão demo *a capella* de uma música de Dr. Dre, o antigo DJ dos Beasties e coapresentador do "Yo! MTV Raps".

Dre apresentou a faixa aos Beasties "como uma música com potencial pra eles usarem, baseada em *Licensed to Ill*", relembra Mike Simpson. Coescrita por Dre e Anthony Davis, "Your Sister's Def" deixa claro que eles, assim como muitos observadores, imaginavam que o segundo álbum dos Beasties seria bem parecido com o primeiro.

Com um fundo rítmico agressivo no estilo Rick Rubin, a letra — que implora a um fã nerd que ajude os Beasties a fazerem uma orgia com a sua irmã — representa o resultado de quase tudo que o clipe de "Fight for Your Right" sugeria. Visto isso e algumas referências sexuais nauseantes, é surpreendente que a faixa tenha sido lançada. Mike Simpson diz: "A gente só achou muito engraçado". Os Beasties, pelo menos, a acharam divertida o bastante para cantar a estrofe de abertura durante uma de suas aparições na MTV em 1989.

## 3. "What Comes Around": O futuro da nostalgia

Se alguém estivesse procurando um álbum para comparar a *Paul's Boutique*, a obra-prima de 1968 *The Kinks Are the Village Green Preservation Society* certamente não seria a primeira escolha. Nem a segunda. Nem, aliás, a 583ª.

No entanto, esses são dois dos álbuns mais nostálgicos já lançados. E se as odes de Ray Davies a uma Inglaterra verdejante e agradável não são sempre tão sentimentais quanto parecem à primeira vista,[41] as recordações dos Beasties da cultura pop dos anos 1970 e 1980 também não são tão cínicas como se costuma acreditar.

Em seu livro *The Future of Nostalgia*, Svetlana Boym observa que a nostalgia "reaparece inevitavelmente como mecanismo de defesa em épocas de ritmo de vida acelerado e de mudanças históricas". As epidemias da aids e do crack, o massacre da praça Tiananmen, o desastre do *Exxon Valdez* e, de forma ainda mais significativa, a queda do Muro de Berlim fizeram de 1989 um desses anos.

---

[41] Como indica Andy Miller em sua brilhante análise de *The Kinks Are the Village Green Preservation Society*. Se você ainda não tem uma cópia, deveria providenciá-la.

E também inauguraram a crise de meia-idade coletiva dos filhos do baby boom. Woodstock festejaria seu vigésimo aniversário naquele verão, e o show que resultou disso, que atraiu poucos nomes importantes e menos de um décimo do público original, realçou para alguns a erosão do idealismo da década de 1960. Naquele outono, Billy Joel, aos quarenta anos, lançaria um sucesso absoluto com "We Didn't Start the Fire", uma litania com a história dos *boomers* cantada em parte como um rap.

Se a música era um hino nostálgico dos filhos do baby boom em 1989, defensivos e ansiosos, então *Paul's Boutique* era a resposta mais otimista da Geração X, na época ainda sem nome. O que havia de irônico é que a ironia que muitos pensavam ouvir frequentemente não estava lá. Longe de ser uma brincadeira descolada, a inspiração vintage do álbum era genuinamente adorada por seus criadores. "Coisas como *Car Wash*... Nunca parei de ouvir isso", diz Mike Simpson. "Todos os discos que a gente sampleava vinham da minha coleção. A gente não estava buscando, saindo pra procurar essas coisas."

Colocando de lado as circunstâncias da criação do álbum, repletas de pegadinhas, os Beastie Boys também lidaram com tormentos pessoais durante a criação de *Paul's Boutique* — o processo contínuo da Def Jam, as dúvidas difundidas sobre a sustentabilidade da banda, a repercussão ainda causada por *Licensed to Ill*. Era de espantar que o álbum aludisse com tanta frequência — conscientemente ou não — a memórias menos complicadas? Desenhos animados de sábado de manhã e reprises de séries de televisão; os sons disco da época de escola; antigos singles raros de hip-hop; e, é claro, a cidade que o trio amava mas tinha deixado publicamente, de maneira suspeita. "A nostalgia", escreve Svetlana Boym, "é um anseio por um lar que não existe mais ou nunca existiu". No século XX, esse anseio, acrescenta ela citando os historiadores Jean Starobinski e Michael Roth, tinha "se reduzido ao anseio pela própria infância".

Esse anseio também deu a *Paul's Boutique* sua influência mais difundida, uma que se estende muito além da música popular. Em 1989, como observou Adam Yauch mais tarde, uma nostalgia dos anos 1970 — uma era de suposto mau gosto — parecia vergonhoso. "É possível que... as pessoas meio que se assustassem quando viam isso", admite ele, enquanto assiste ao clipe de "Hey Ladies". No entanto, o álbum e sua estética estariam na vanguarda de um ressurgimento da "Me Decade" [Década do eu], que continua até hoje.

Em 1997, o colunista Michael Musto, que cobria a vida noturna para o *Village Voice*, observou: "O ressurgimento dos anos 1970 tem acontecido continuamente em boates nos últimos dez anos." A dupla britânica S-Express chegaria a samplear um trecho de "Is It Love You're After", do Rose Royce, em seu sucesso "Theme From S-Express", de 1988. Ainda assim, nada refrescaria as memórias dos americanos de maneira mais vívida do que o clipe de "Hey Ladies", que ajudou a naufragar um álbum, mas acendeu a chama de uma revolução retrô.

"Devido à própria banalidade e alienação de boa parte da cultura dos anos 1970", afirmou o escritor Josh Ozersky em 2000, "ficamos livres para projetar uma inocência infantil nessa década." Talvez as referências culturais amplamente conhecidas de *Paul's Boutique* sejam realmente banais, mas a inocência desses nomes, imagens e sons ajudou a manter o álbum peculiarmente atemporal, com suas colagens reminiscentes de eras passadas, mas não fixadas em nenhuma delas.

"Eu nunca me senti tão ignorante e nunca estive mais confuso a respeito do que está acontecendo", disse Mike D ao *Village Noize* em 1990. Ele falava sobre filmes, mas é fácil ler mais do que isso em sua declaração. A confusão criada por *Paul's Boutique* seria resolvida — primeiramente na gravadora da banda. Acabaria sendo uma das limpezas de setor mais imprevidentes da história da música.

Tim Carr finalmente voltou do seu mochilão asiático no outono de 1989 para descobrir que David Berman e toda a equipe de A&R da Capitol havia sido demitida. Joe Smith, segundo Carr, havia menosprezado Tom Whalley e sua equipe como um "A&R fora de controle". "A indústria da música tem a ver com sucessos, não com Skinny Puppy ou Cocteau Twins!", diz ele.

Infelizmente, na época em que foi demitido, Whalley estava em pleno processo de assinar contrato com o N.W.A., um grupo de rappers de Compton. Ele os levaria para a Interscope Records — junto com Dr. Dre, Snoop Dogg e uma linhagem de artistas de hip-hop multiplatinados que incluía Tupac Shakur, Eminem e 50 Cent. Os esforços da Capitol para se tornar uma figura importante no campo da música urbana nunca foram recuperados.

"Foi como se a NBC tivesse cancelado 'Friends' na primeira temporada", observa Carr friamente.

---

Nunca tendo sido oficialmente demitido pela Capitol — ele simplesmente não voltou —, Carr apareceu seis meses depois na Warner Bros. Records. Quando foi entrevistado para o cargo, visitou os Beastie Boys no que se tornaria seu estúdio G-Son em Atwater Village, Los Angeles.

"Yauch me disse: 'A gente quer fazer um disco instrumental.' Eu respondi: 'Ótimo, todo mundo já cansou daquelas vozes anasaladas mesmo. Seria muito melhor se vocês fizessem um simples disco instrumental'", conta Carr. "E aí de repente ele entendeu e disse: 'Ei, seu filho da puta!'"

Esse disco instrumental sugerido se tornaria *Check Your Head*, que salvaria os Beastie Boys. A banda tinha usado o resto do dinheiro adiantado pela Capitol para construir um estúdio, equipado com um *halfpipe* e uma quadra de basquete, e se recolheria nesse "clube" para gravar centenas de horas de música durante os anos 1990 e 1991, tentando recriar os samples de *Paul's Boutique*. "Nós três adoramos tocar e trocar de instrumentos, então foi legal", diz Mario Caldato, que conduziu as sessões.

A mistura resultante de hip-hop, funk e uma volta às raízes punk da banda não parecia muito comercial, mas a Capitol se veria livre dos Beasties em breve, de qualquer maneira, depois desse segundo álbum de um contrato de dois discos. "Não se esperava muito da gente", diria Mike D mais tarde. "*Check Your Head* ia ser nosso último cigarro."

Essa última baforada pegaria fogo inesperadamente durante a primavera e o verão de 1992. A gravadora fez uso de uma paciente campanha de marketing popular que foi particularmente eficaz em alcançar o crescente mercado "alternativo", e colocou o álbum entre os dez primeiros nas paradas. Uma turnê de verdade se seguiu, e de repente a Capitol tinha as estrelas que acreditava ter comprado quatro anos antes.

---

Os Beastie Boys estavam em ascensão novamente, mas os Dust Brothers e Matt Dike não os acompanhariam. A parceria tripla entre King, Simpson e Dike tinha se dissolvido depois de *Paul's Boutique*, e Dike e Mike Ross tinham se desentendido. A gravadora sobreviveu, mas o curto período da Delicious Vinyl enquanto resposta à Def Jam na Costa Oeste havia terminado.

Apesar do pobre desempenho comercial de *Paul's Boutique*, Mike Simpson ainda estava certo de que ele e John King voltariam a trabalhar com os Beastie Boys. O fato de o telefonema nunca ter chegado "foi simplesmente surpreendente", afirma ele, parecendo ainda perplexo. "Depois que o disco foi lançado, basicamente nunca mais tivemos notícias deles."

Simpson tem dificuldade em explicar o fim da colaboração. "Não sei se isso é verdade ou não... mas a gente recebeu boa parte do crédito por *Paul's Boutique*. E de alguma forma eles talvez tenham desejado se afastar da gente e dizer: 'Ei, nós é que somos o talento aqui.' E eles são. Mas aposto que eles queriam provar que podiam fazer aquilo sozinhos."

A visão de John King é um pouco diferente. "Depois que o álbum ficou pronto, nós fomos expostos ao lado comercial da indústria musical, e, como tudo aquilo era novo pra nós, tínhamos visões idealistas de como as coisas funcionavam. A gente achava que estava sendo tratado de maneira injusta, mas na verdade não estava", afirma ele. "É uma pena, porque acho que isso criou um afastamento, se não mútuo, pelo menos do nosso lado."

Mas os Dust Brothers prosperariam mesmo assim. Produziram o imenso sucesso adolescente "MMMBop" para o jovem trio Hanson, em 1997, e emprestaram seus talentos e credibilidade aos Rolling Stones em *Bridges to Babylon*, no mesmo ano. Mas foi sua colaboração com um vizinho de Silver Lake, Beck Hansen, que produziu a coleção vista hoje como sucessora de *Paul's Boutique*.

*Odelay*, de Beck Hansen, embora não chegue nem perto de possuir a mesma quantidade de samples de *Paul's Boutique*, exibia a mesma mistura de gêneros. Dessa vez, porém, o público estava pronto para aquilo; o disco não apenas apagou a reputação de Beck como "Loser" [perdedor] de um sucesso só, como ganhou dois Grammys. Simpson acredita que o sucesso da parceria aconteceu porque, "no fim das contas, meu melhor trabalho vem de transformar samples em músicas. E em muitas vezes que pessoas famosas nos contrataram, minha função não era fazer o que faço melhor".

"Então, quando chegou a hora de fazer *Odelay* com Beck, ele de fato reconheceu: 'Bem, é isso que esses caras fazem. Vou usar o potencial deles ao máximo.' Foi bem parecido com o jeito como trabalhamos com os Beastie Boys, só que Beck estava bem mais envolvido musicalmente", diz ele.

Em 2004, os Dust Brothers reavivaram suas relações tanto com Beck quanto com os Beastie Boys. Simpson e King se juntaram a Beck para fazer *Guero*, enquanto Simpson e Mario Caldato ajudariam a remixar o single dos Beasties "An Open Letter to NYC". Quem também participou, de maneira inesperada, foi Matt Dike. A equipe de *Paul's Boutique* estava reunida de novo, finalmente.

---

O velho axioma sobre o primeiro álbum do Velvet Underground era que, apesar de ter vendido pouco, ele inspirou todos os que o compraram a formar uma banda. Nem todos que compraram *Paul's Boutique* compraram também um sampler, mas muitos acabaram dando sua contribuição à história da música.

Segundo Russell Simmons, o produtor Eric B afirmou certa vez que poderia ter criado quinze álbuns com as ideias de *Paul's*

*Boutique*. Até o falecido Miles Davis disse, certa vez, que nunca se cansava do disco. Contudo, a repressão violenta que ocorreu pouco depois do advento do sampling fez com que o potencial de influência do disco só se cumprisse anos mais tarde, quando uma nova geração de artistas fabricou sonoridades ainda mais densas — dentre elas a impressionante estreia do DJ Shadow, *Endtroducing...*, e *Since I Left You*, de The Avalanches — a partir de fontes ainda mais obscuras.

Apesar da indiferença que *Paul's Boutique* recebeu inicialmente do mundo do hip-hop, o álbum se tornou um marco para inúmeros rappers e produtores, sobretudo no fértil ambiente do underground americano. Otis Jackson Jr., mais conhecido como Madlib, adotaria o modus operandi e a estética de maconheiro do álbum numa série de aclamados lançamentos.

"Eu não esperava por aquele disco, mas é um dos meus preferidos. *Paul's Boutique* me inspirou a fazer loucuras com meus beats — me fez ver que era possível", conta Madlib, acrescentando com uma risada: "É claro que hoje em dia você tem que ser mais discreto com a coisa toda."

———

Depois de passar tanto tempo na vanguarda, os Beasties se viram perfeitamente alinhados com o espírito da época em 1994, muito por conta das engrenagens culturais que *Paul's Boutique* pôs em marcha. Retrô chique, funk dos anos 1970, sampling, rappers brancos com credibilidade — gradualmente, tudo tinha entrado, ou reentrado, no léxico comum depois de 1989. O disco beneficiado por esse pioneirismo, *Ill Communication*, se tornou número um, os Beasties foram estrelas do Lollapalooza e Adam Yauch conscientizou milhões de pessoas a respeito da situação dos tibetanos oprimidos pela China comunista.

Depois desse ápice, casamentos, famílias e projetos paralelos começaram a se intrometer no trio. Eles não apenas tinham de ficar à altura de seus três primeiros lançamentos — cada um dos quais havia ajudado a redefinir a música pop —, como estavam competindo com uma imagem alimentada por um senso de humor descarado que já haviam ultrapassado. Apesar disso, o renascimento dos Beastie Boys nos anos 1990 trouxe um interesse em seu catálogo passado, e *Paul's Boutique* seria certificado disco de platina antes do fim da década, redescoberto como clássico por novos e antigos fãs. À medida que críticos começaram a montar coletâneas de melhores álbuns do fim do milênio, o disco antes amaldiçoado passou a figurar nessas listas. Por volta dessa época, Tim Carr — que trabalhava então na DreamWorks e hoje reside em Bangkok — "deixou de ser Tim 'Megadeth' Carr e virou Tim 'Beastie Boys' Carr", diz o próprio, com um sorriso. "Então acho que naquele momento eu me senti redimido."

---

Muito tempo atrás, John King dividiu um baseado no mastro do prédio da Capitol Records com Michael Diamond e Adam Yauch, na festa de lançamento de *Paul's Boutique*. Um segurança os obrigou a descer, mas King se lembra daquela estranha tarde todos os dias. "Posso ver o prédio da minha casa", diz ele, "e sempre conto a meus filhos como subi lá".

---

Como *Paul's Boutique* é fruto de um improvável conjunto de circunstâncias, é impossível não se perguntar: e se os Beastie

Boys nunca tivessem deixado a Def Jam? A pergunta foi feita inúmeras vezes ao longo dos anos, mas Mike D faz uma pausa para considerá-la novamente.

"Na melhor das hipóteses, a gente teria conseguido um acordo", diz ele finalmente. "Eles não teriam deixado a gente ir pra LA trabalhar com produtores de quem nunca tinham ouvido falar, e ficar lá pra sempre. E certamente não teríamos podido comprar uma mesa de hóquei."

---

O prédio de aparência familiar na esquina das ruas Rivington e Ludlow em Nova York é hoje um café chamado... Paul's Boutique. O mundo dá voltas.

---

"Era uma vez", Tim Carr havia dito horas antes, "uma banda chamada Beastie Boys e um reino chamado *Paul's Boutique*". Esse reino, situado em algum lugar entre Oz e a mansão da Playboy, ainda existe, a uma agulha, um laser ou um clique de mouse de distância, e continua impossível de compreender em sua extensa totalidade.

Há sempre a possibilidade, porém, de que mais uma jornada esclareça tudo, e, mesmo que isso não aconteça, não há viagens ruins ao reino encantado de *Paul's Boutique*. Se você nunca esteve lá — ou mesmo se tiver acabado de voltar —, o que está esperando?

# Bibliografia e fontes

Salvo as indicadas de outro modo, todas as citações são de entrevistas realizadas pelo autor entre janeiro e novembro de 2005.

*The Holy Bible, New International Version*, Zondervan Publishing House, 1991
*Beastie Boys Anthology: The Sounds of Science*, Beastie Boys, powerHouse Books, 2004
*Rhyming and Stealing: A History of the Beastie Boys*, Angus Batey, Omnibus Press, 1998
*The Future of Nostalgia*, Svetlana Boym, Basic Books, 2001
*Def Jam, Inc.*, Stacy Gueraseva, Ballantine, 2005
*Life and Def: Sex, Drugs, Money and God*, Russell Simmons, Crown, 2001
*The Beastie Boys Companion*, John Rocco, Schirmer Books, 2000

**Leituras secundárias**

*Will Pop Eat Itself? Pop Music in the Soundbite Era*, Jeremy J. Beadle, Faber and Faber, 1993
*The Vibe History of Hip Hop*, org. Alan Light, Three Rivers Press, 1999
*The Kinks Are the Village Green Preservation Society*, Andy Miller, Continuum, 2004
*Rap Attack 2: African Rap to Global Hip Hop*, David Toop, Serpents Tail, 1991

**Revistas e jornais**

"Gathering Dust", *Bay Area Music Magazine*, Nancy Whalen, 6 de maio de 1994 (entrevista com John King e Mike Simpson)

"Building the Perfect Beastie Album", *Billboard*, Chris Morris, 9 de setembro de 1989 (entrevista com Michael Diamond)

"Sounds Too Beastly!", *The Daily Mail*, Marcus Berkmann, 14 de agosto de 1989 (crítica de *Paul's Boutique*)

"Very '70s in the '90s", Gannett News Service, Marshall Fine, 19 de novembro de 1997

"*Paul's Boutique*", *Hip-Hop Connection*, Nick Smash, agosto de 1989 (crítica de *Paul's Boutique*)

"Morning Report", *Los Angeles Times*, Aleene MacMinn, 29 de junho de 1989 (artigo sobre a festa de lançamento de *Paul's Boutique*)

"Beastie Boys, Cool J Are Still Bragging", *Los Angeles Times*, Dennis Hunt, 11 de agosto de 1989 (artigo sobre as vendas de *Paul's Boutique*)

"Label Seeks New Talent for Sagging Rock Roster", *Los Angeles Times*, Paul Grein, 26 de setembro de 1989 (entrevista com Joe Smith)

"Boogie and the Beast", *L.A. Weekly*, Danny Weizmann, 7 de setembro de 1989 (entrevista com os Beastie Boys)

"Cocks of the Walk", *Melody Maker*, David Stubbs, 29 de julho de 1989 (crítica de *Paul's Boutique*)

"Animal Crackers", *Melody Maker*, Ted Mico, 5 de agosto de 1989 (entrevista com os Beastie Boys)

"Boys Keep Illin'", *New Musical Express*, data desconhecida, 1988 (entrevista com Adam Yauch)

"In the Belly of the Beasties", "Still Ill", *New Musical Express*, James Brown, 15 e 22 de julho de 1989 (entrevista em duas partes com os Beastie Boys)

"The Style Council, Royal Albert Hall", *New Musical Express*, Stephen Dalton, 22 de julho de 1989 (crítica do show de The Style Council)

"That '70s Revival: Clinging to the Malaise Decade", *Newsday*, Josh Ozersky, 28 de maio de 2000 (resenha de livro)

"Critic's Notebook: Does Chaos Mix With Jewish Music?", *The New York Times*, Alex Ross, 11 de março de 1995 (crítica de show)

"Who's Deffer? The Beastie Boys and LL Cool J Wrestle for the Summer's Hip Hop Crown", *Request*, Keith Moerer, agosto de 1989 (entrevista com os Beastie Boys e Matt Dike)

"License Renewed", *Rolling Stone*, Fred Goodman, 15 de junho de 1989 (entrevista com os Beastie Boys e Russell Simmons)

"The Beasties: Def, Not Dumb", *Rolling Stone*, David Handelman, 10 de agosto de 1989 (crítica de *Paul's Boutique*)

"The Good, the Bad, and the Ugly", *Revolution*, Bill Holdship, novembro de 1989 (entrevista com os Beastie Boys)

"Interview with Beastie Boys' Adam Yauch", *Shambhala Sun*, Amy Green, janeiro de 1995

"To Live and Get High in L.A.", *Select*, Adam Higginbotham, julho de 1994 (entrevista com os Beastie Boys)

"The Story of Yo", *Spin*, Alan Light, setembro de 1998 (entrevistas com os Beastie Boys e muitos personagens coadjuvantes do universo Beastie)

"Interview with Mario Caldato, Jr.", *Tape-Op Magazine*, Darron Burke, janeiro de 2002

"People: Boys Will Be Beasties", *Time*, Emily Mitchell, 14 de agosto de 1989 (artigo sobre *Paul's Boutique*)

"*Paul's Boutique*", *Time*, David Hiltbrand, agosto de 1989 (crítica de *Paul's Boutique*)

"How Ya Like 'Em Now?", *Village Voice*, Robert Christgau, 15 de agosto de 1989 (crítica de *Paul's Boutique*)

"Highbrow Hip-Hop: Thoughtful Rap from Beasties & Boogie Down", *Washington Post*, Mark Jenkins, 30 de julho de 1989 (crítica de *Paul's Boutique*)

"The Remix Masters", *Wired*, Eric Steuer, novembro de 2004

**Internet**

Fórum de Beastieboys.com, Adam Yauch, data desconhecida
Beastiemania.com, "Who's Who: Catherine Lincoln", <http://beastiemania.com/whois/lincoln_catherine>
Beastiemania.com, entrevista com Andy VanDette, maio de 2003, <http://beastiemania.com/interview/interviewvandette.php>
New Music Box, Greg Sandow, 1º de março de 2004, <http://www.newmusicbox.org/page.nmbx?id=59vw01>
Biografia de Velvet Chain, Jeff Stacy, outubro de 2005, <http://www.velvetchain.com/jeffbio.html>

**Videografia**

Entrevista ao "MTV News", 29 de junho de 1989
*Beastie Boys DVD Video Anthology*, Criterion, 2000
Documentário *Beastieography*, MTV, 1998

**Áudio**

*The Beastie Boys: The Interview CD* (cópia ilegal inglesa; tirada de uma entrevista sem créditos para rádio em 1989), Baktabak, 1997
Entrevista na rádio KCRW com os Dust Brothers, 13 de fevereiro de 1997
Inúmeras gravações ilegais de estúdio e shows também foram consultadas. Uma delas, particularmente esclarecedora, é conhecida popularmente como *Paul's Boutique Demos*.

© Editora de Livros Cobogó

Organização da coleção
Frederico Coelho
Mauro Gaspar

Editora-chefe
Isabel Diegues

Editora
Mariah Schwartz

Coordenação de produção
Melina Bial

Tradução
Julia Sobral Campos

Revisão de tradução
Diogo Henriques

Revisão final
Eduardo Carneiro

Projeto gráfico e diagramação
Mari Taboada

Capa
Radiográfico

CIP-BRASIL. CATALOGAÇÃO-NA-FONTE
SINDICATO NACIONAL DOS EDITORES DE LIVROS, RJ

|  |  |
|---|---|
| L626p | LeRoy, Dan<br>Paul's Boutique: Beastie Boys / Dan LeRoy; organização Frederico Coelho, Mauro Gaspar; tradução Julia Sobral Campos. - 1. ed. - Rio de Janeiro: Cobogó, 2016.<br>144 p. : il. (O livro do disco)<br>Tradução de: Paul's Boutique<br>ISBN 978-85-5591-008-1<br>1. Beastie Boys (Conjunto musical). 2. Rap rock (Música) - Nova Iorque (EUA) - História e crítica. I. Coelho, Frederico II. Gaspar, Mauro. III. Título. VI. Série. |
| 16-33267 | CDD: 782.42164<br>CDU: 78.067.26 |

Nesta edição foi respeitado o Acordo Ortográfico da Língua Portuguesa de 1990, que entrou em vigor no Brasil em 2009.

Todos os direitos em língua portuguesa reservados à
**Editora de Livros Cobogó Ltda.**
Rua Jardim Botânico, 635/406
Rio de Janeiro – RJ – 22470-050
www.cobogo.com.br

## O LIVRO DO DISCO
Organização: Frederico Coelho | Mauro Gaspar

**The Velvet Underground and Nico** | *The Velvet Underground*
Joe Harvard

**A tábua de esmeralda** | *Jorge Ben*
Paulo da Costa e Silva

**Estudando o samba** | *Tom Zé*
Bernardo Oliveira

**Endtroducing...** | *DJ Shadow*
Eliot Wilder

**LadoB LadoA** | *O Rappa*
Frederico Coelho

**Daydream nation** | *Sonic Youth*
Matthew Stearns

**As quatro estações** | *Legião Urbana*
Mariano Marovatto

**Unknown Pleasures** | *Joy Division*
Chris Ott

**Songs in the Key of Life** | *Stevie Wonder*
Zeth Lundy

**Electric Ladyland** | *Jimi Hendrix*
John Perry

**Led Zeppelin IV** | *Led Zeppelin*
Erik Davis

**Harvest** | *Neil Young*
Sam Inglis

2016

1ª impressão

Este livro foi composto em Helvetica.
Impresso pela gráfica Stamppa,
sobre papel offset 75g/m².